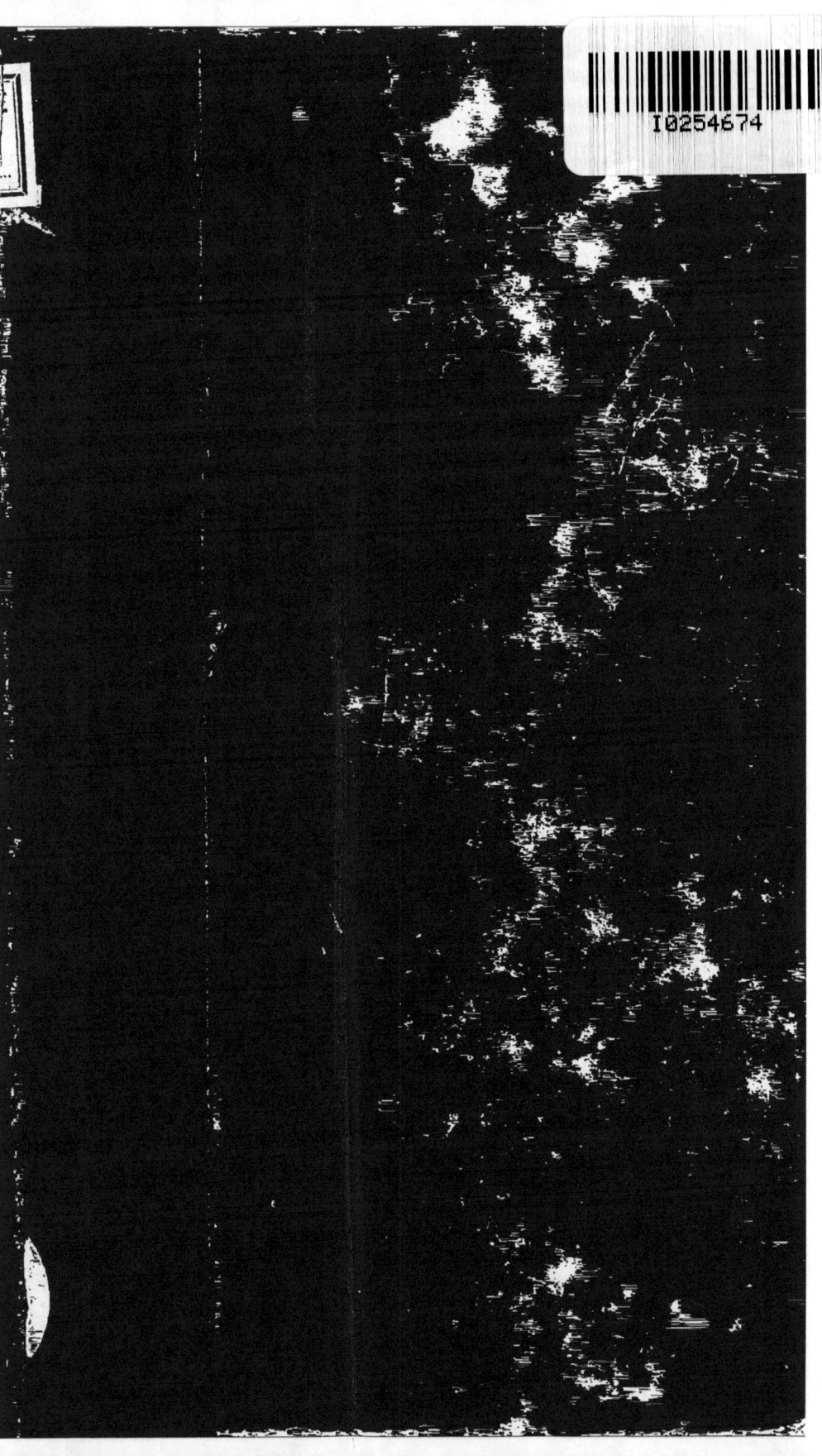

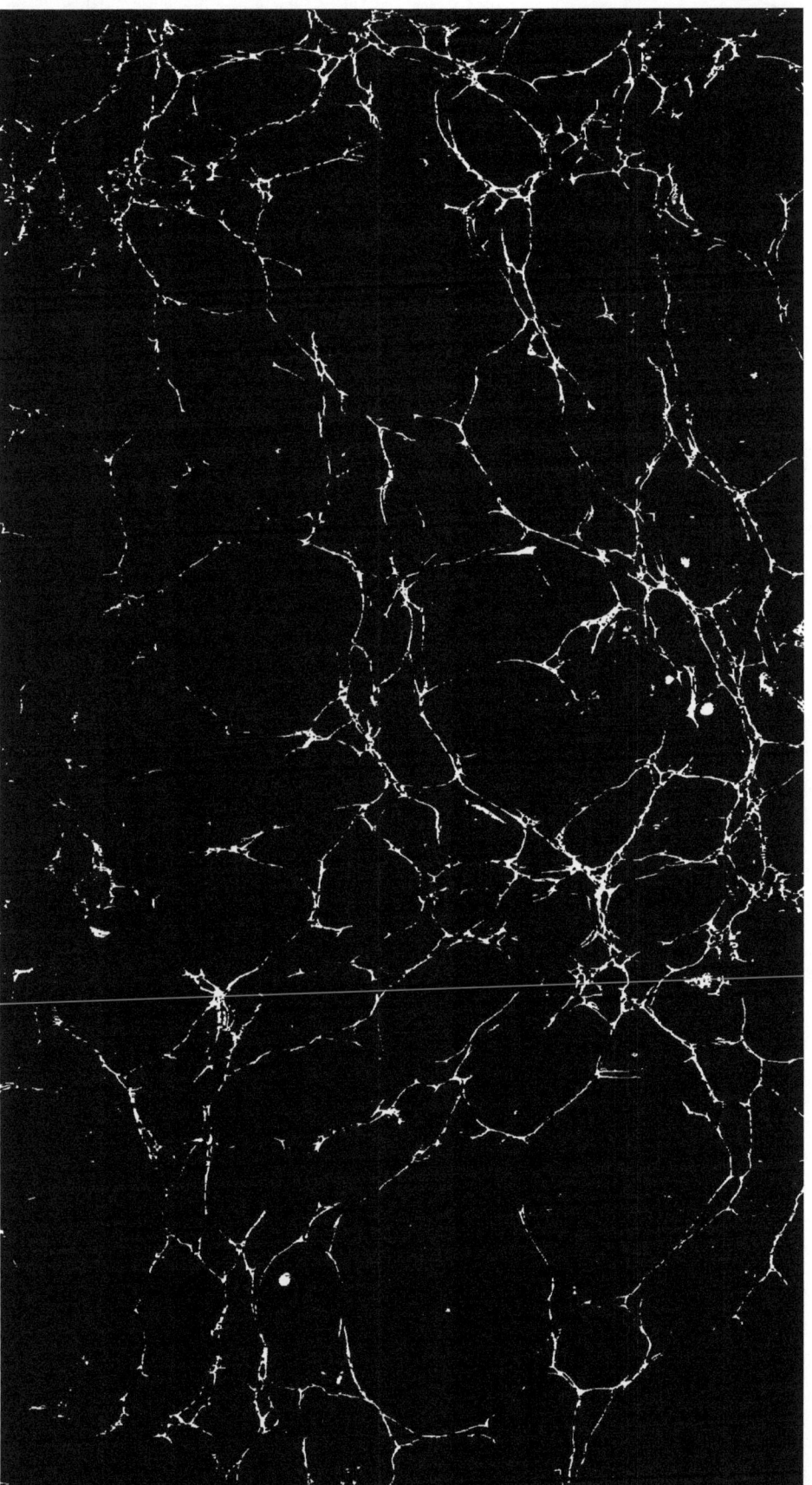

D² 2763.
Aa.1.

c.

Ⓒ

50/65

D²

ŒUVRES
PHILOSOPHIQUES
DE
LA METTRIE.

ŒUVRES PHILOSOPHIQUES DE LA METTRIE.

NOUVELLE ÉDITION,

Précédée de son Eloge,

Par FRÉDÉRIC II, Roi de Prusse.

TOME PREMIER.

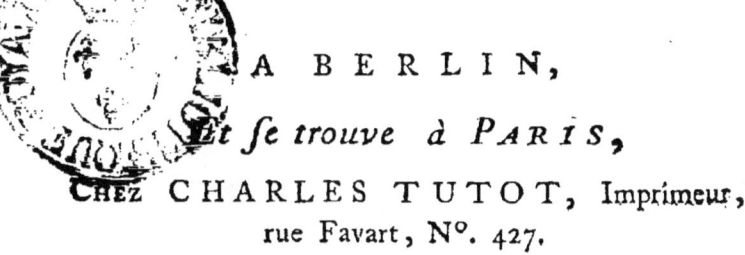

A BERLIN,

Et se trouve à PARIS,

Chez CHARLES TUTOT, Imprimeur, rue Favart, N°. 427.

1796.

ÉLOGE
DE LA METTRIE,

PAR FRÉDÉRIC II, ROI DE PRUSSE.

JULIEN-OFFRAY DE LA METTRIE naquit à Saint-Malo, le 25 décembre 1709, de Julien-Offray de la Mettrie & de Marie Gaudron, qui vivoient d'un commerce assez considérable pour procurer une bonne éducation à leur fils. Ils l'envoyerent au college de Coutance pour faire ses humanités, d'où il passa à Paris dans le college du Plessis ; il fit sa réthorique à Caën, & comme il avoit beaucoup de génie & d'imagination, il remporta tous les prix de l'éloquence : il étoit né orateur ; il aimoit passionnément la poésie & les belles-lettres ; mais son pere, qui crut qu'il y avoit plus à gagner pour un ecclésiastique que pour un poëte, le destina à l'église ; il l'envoya l'année suivante au college du Plessis, où il fit sa logique sous M. Cordier, qui étoit plus Janséniste que Logicien.

C'est le caractere d'une ardente imagination, de saisir avec force les objets qu'on lui présente ; comme c'est le caractere de la jeunesse d'être prévenue des premieres opinions qu'on lui inculque : tout autre disciple auroit adopté les sentimens de son maître ; ce n'en fut pas assez pour le jeune la Mettrie, il devint Janséniste, & composa un ouvrage qui eut vogue dans le parti.

En 1725, il étudia la physique au college d'Harcourt, & y fit de grands progrès. De retour en sa patrie, le sieur Hunault, médecin de Saint-Malo, lui conseilla d'embrasser cette profession : on persuada le pere; on l'assura que les remedes d'un médecin médiocre rapporteroient plus que les absolutions d'un bon prêtre. D'abord le jeune la Mettrie s'appliqua à l'anatomie; il disséqua pendant deux hivers; après quoi il prit en 1725, à Rheims, le bonnet de docteur, & y fut reçu médecin.

En 1733, il fut étudier à Leyde sous le fameux Boerhaave. Le maître étoit digne de l'écolier, & l'écolier se rendit bientôt digne du maître. M. la Mettrie appliqua toute la force de son esprit à la connoissance & à la cure des infirmités humaines, & il devint grand médecin dès qu'il voulut l'être. En 1734 il traduisit, dans ses momens de loisir, le traité de feu M. Boerhaave, son aphrodisiacus, & y joignit une dissertation sur les maladies vénériennes, dont lui-même étoit l'auteur. Les vieux médecins s'éleverent en France contre un écolier qui leur faisoit l'affront d'en savoir autant qu'eux. Un des plus célebres médecins de Paris lui fit l'honneur de critiquer son ouvrage (marque certaine qu'il étoit bon). La Mettrie repliqua, & pour confondre d'autant plus son adversaire, en 1736 il composa un traité du *vertige*, estimé de tous les médecins impartiaux.

Par un malheureux effet de l'imperfection humaine, une certaine basse jalousie est devenue un des attributs des gens de lettres; elle irrite l'esprit de ceux qui sont en possession des réputations contre les progrès des génies naissans : cette rouille s'attache aux talens sans les détruire, mais elle leur nuit quelquefois. M. la Mettrie, qui avançoit à pas de géant dans la carriere des sciences, souffrit de cette jaloufie, & fa vivacité l'y rendit trop fenfible.

Il traduifit à Saint-Malo les aphorifmes de Boerhaave, la matiere médicale, les procédés chymiques, la théorie chymique, & les inftitutions du même auteur. Il publia prefque en même temps un abrégé de Sydenham. Le jeune médecin avoit appris, par une expérience prématurée, que pour vivre tranquille, il vaut mieux traduire que compofer; mais c'eft le caractere du génie de s'échapper à la réflexion. Fort de fes propres forces, fi je puis m'exprimer ainfi, & rempli des recherches de la nature qu'il faifoit avec une dextérité infinie, il voulut communiquer au public les découvertes qu'il avoit faites. Il donna fon traité fur la *petite vérole*, fa *médecine pratique*, & fix volumes de *commentaires* fur la phyfiologie de Boerhaave : tous ces ouvrages parurent à Paris, quoique l'auteur les eût compofés à Saint-malo. Il joignoit à la théorie de fon art une pratique toujours heureufe; ce qui n'eft pas un petit éloge pour un médecin.

En 1742, M. la Mettrie vint à Paris, attiré par la mort de M. Hunault, fon ancien maître : les fameux Morand & Sidobre le placèrent auprès du duc de Grammont, & peu de jours après ce feigneur lui obtint le brevet de médecin des gardes; il accompagna ce duc à la guerre, & fut avec lui à la bataille de Dettingue, au fiege de Fribourg & à la bataille de Fontenoi, où il perdit fon protecteur, qui y fut tué d'un coup de canon.

M. la Mettrie reffentit d'autant plus vivement cette perte, que ce fut en même temps l'écueil de fa fortune. Voici ce qui y donna lieu. Pendant la campagne de Fribourg, M. la Mettrie fut attaqué d'une fievre chaude ; une maladie eſt pour un philoſophe une école de phyſique ; il crut s'appercevoir que la faculté de penſer n'étoit qu'une ſuite de l'organiſation de la machine, & que le dérangement des reſſorts influoit conſidérablement ſur cette partie de nous-mêmes, que les métaphyſiciens appellent l'ame. Rempli de ces idées pendant ſa convaleſcence, il porta hardiment le flambeau de l'expérience dans les ténebres de la métaphyſique ; il tenta d'expliquer, à l'aide de l'anatomie, la texture déliée de l'entendement, & il ne trouva que de la mécanique où d'autres avoient ſuppoſé une eſſence ſupérieure à la matiere. Il fit imprimer ſes conjectures philoſophiques ſous le titre d'*Hiſtoire naturelle de l'ame*. L'aumonier du régiment ſonna le tocſin contre lui, & d'abord tous les dévots crierent.

Le vulgaire des eccléſiaſtiques eſt comme Dom Quichotte, qui trouvoit des aventures merveilleuſes dans des événemens ordinaires ; ou comme ce fameux militaire, qui trop rempli de ſon ſyſtême, trouvoit des colonnes dans tous les livres qu'il liſoit. La plupart des prêtres examinent tous les ouvrages de littérature comme ſi c'étoient des traités de théologie ; remplis de ce ſeul objet, ils voient des héréſies par-tout : de-là viennent tant de faux jugemens & tant d'accuſations formées, pour la plupart, mal-à-propos contre les auteurs. Un livre de phyſique doit être lu avec l'eſprit d'un phyſicien ; la nature, la vérité eſt ſon juge ; c'eſt elle qui doit l'abſoudre ou le condamner : un livre d'aſtronomie veut être lu dans un même ſens. Si un pauvre médecin prouve qu'un coup de bâton fortement appliqué ſur le crâne dérange l'esprit, ou bien qu'à un certain degré de chaleur la raison s'égare, il faut lui prouver le contraire ou se taire. Si un astronome habile démontre, malgré Josué, que la terre & tous les globes célestes tournent autour du soleil, il faut, ou mieux calculer que lui, ou souffrir que la terre tourne.

Mais les théologiens, qui par leurs appréhensions continuelles pourroient faire croire aux foibles que leur cause est mauvaise, ne s'embarrassent pas de si peu de chose. Ils s'obstinerent à trouver des semences d'hérésie dans un ouvrage qui traitoit de physique: l'auteur essuya une persécution affreuse, & les prêtres soutinrent qu'un médecin, accusé d'hérésie, ne pouvoit pas guérir les gardes-françoises.

A la haine des dévots se joignit celle de ses rivaux de gloire: celle-ci se ralluma sur un ouvrage de M. la Mettrie, intitulé la *Politique des médecins*. Un homme plein d'artifice, & dévoré d'ambition, aspiroit à la place vacante de premier medecin du roi de France; il crut, pour y parvenir, qu'il lui suffisoit d'accabler de ridicule ceux de ses confreres qui pouvoient prétendre à cette charge. Il fit un libelle contre eux, & abusant de la facile amitié de M. la Mettrie, il le séduisit à lui prêter la volubilité de sa plume & la fécondité de son imagination: il n'en fallut pas davantage pour achever de perdre un homme peu connu, contre lequel étoient toutes les apparences, & qui n'avoit de protection que son mérite.

M. la Mettrie, pour avoir été trop sincere comme philosophe & trop officieux comme ami, fut obligé de renoncer à sa patrie. Le duc de Duras & le vicomte du

Chaila, lui conseillerent de se souftraire à la haine des prêtres & à la vengeance des médecins. Il quitta donc, en 1746, les hôpitaux de l'armée, où M. de Séchelles l'avoit placé, & vint philosopher tranquillement à Leyde. Il y composa sa *Pénélope*, ouvrage polémique contre les médecins, où à l'exemple de Démocrite, il plaisantoit sur la vanité de sa profession : ce qu'il y eut de singulier, c'est que les médecins, dont la charlatanerie y est peinte au vrai, ne purent s'empêcher d'en rire eux-mêmes en le lisant : ce qui marque bien qu'il se trouvoit dans l'ouvrage plus de gaieté que de malice.

M. la Mettrie ayant perdu de vue ses hôpitaux & ses malades, s'adonna entierement à la philosophie spéculative ; il fit son *Homme machine*, ou plutôt il jetta sur le papier quelques pensées fortes sur le matérialisme, qu'il s'étoit sans doute proposé de rédiger. Cet ouvrage, qui devoit déplaire à des gens, qui par état sont ennemis déclarés des progrès de la raison humaine, révolta tous les prêtres de Leyde contre l'auteur : calvinistes, catholiques & luthériens, oublierent en ce moment que la consubstantiation, le libre arbitre, la messe des morts & l'infaillibilité du pape les divisoient ; ils se réunirent tous pour persécuter un philosophe, qui avoit de plus le malheur d'être François, dans un temps où cette monarchie faisoit une guerre heureuse à leurs Hautes-Puissances.

Le titre de philosophe & de malheureux fut suffisant pour procurer à M. la Mettrie un asile en Prusse, avec une pension du roi. Il se rendit à Berlin au mois de février de l'année 1748 ; il y fut reçu membre de l'académie royale des sciences. La médecine le revendiqua à la métaphysique, & il fit un traité de la *Dyssenterie* & un autre de l'*Asthme*, les meilleurs qui aient été écrits sur ces cruelles maladies. Il ébaucha différens ouvrages sur des matieres de philosophie abstraite qu'il s'étoit proposé d'examiner ; & par une suite des fatalités qu'il avoit éprouvées, ces ouvrages lui furent dérobés : mais il en demanda la suppression aussitôt qu'ils parurent.

M. la Mettrie mourut dans la maison de milord Tirconnel, ministre plénipotentiaire de France, auquel il avoit rendu la vie. Il semble que la maladie, connoissant à qui elle avoit à faire, ait eu l'adresse de l'attaquer d'abord au cerveau, pour le terrasser plus sûrement : il prit une fievre chaude avec un délire violent : le malade fut obligé d'avoir recours à la science de ses collegues, & il n'y trouva pas la ressource qu'il avoit si souvent, & pour lui & pour le public, trouvée dans la sienne propre.

Il mourut le 11 de novembre 1751, âgé de 43 ans. Il avoit épousé Louise-Charlotte Dréauno, dont il ne laissa qu'une fille, âgée de cinq ans & quelques mois.

M. la Mettrie étoit né avec un fond de gaieté naturelle, intarissable ; il avoit l'esprit vif & l'imagination si féconde, qu'elle faisoit croître des fleurs dans le terrein aride de la médecine. La nature l'avoit fait orateur & philosophe ; mais un présent plus précieux encore qu'il reçut d'elle, fut une ame pure & un cœur serviable. Tous ceux auxquels les pieuses injures des théologiens n'en imposent pas, regrettent en M. la Mettrie un honnête homme & un savant médecin.

DISCOURS
PRÉLIMINAIRE.

Je me propose de prouver que la Philosophie, toute contraire qu'elle est à la Morale & à la Religion, non-seulement ne peut détruire ces deux liens de la société, comme on le croit communément, mais ne peut que les resserrer, & les fortifier de plus en plus. Une dissertation de cette importance, si elle est bien faite, vaudra bien, à mon avis, une de ces préfaces triviales, où l'auteur, humblement à genoux devant le Public, s'encense cependant avec sa modestie ordinaire : & j'espere qu'on ne la trouvera pas à la tête d'ouvrages de la nature de ceux que j'ose réimprimer, malgré tous les cris d'une haine (*) qui ne mérite que le plus parfait mepris.

Ouvrez les yeux, vous verrez affiché de toutes parts :

« *Preuves de l'existence de dieu par les » merveilles de la nature.*

(*) Odium Theologicum.

» *Preuves de l'immortalité de l'ame par la géométrie et l'algebre.*
» *La religion prouvée par les faits.*
» *Théologie physique* ».

Et tant d'autres, livres semblables. Lisez-les, sans autre préparation, vous serez persuadés que la philosophie est par elle-même favorable à la religion et à la morale, & qu'enfin l'étude de la nature est le plus court chemin pour arriver, tant à la connoissance de son adorable auteur, qu'à l'intelligence des vérités morales & révélées. Livrez-vous ensuite à ce genre d'étude ; & sans embrasser toute cette vaste étendue de physique, de botanique, de chymie, d'histoire naturelle, d'anatomie, sans vous donner la peine de lire les meilleurs ouvrages des philosophes de tous les siecles, faites-vous médecin seulement, à coup sûr vous le ferez comme les autres. Vous reconnoîtrez la vanité de nos déclamateurs, soit qu'ils fassent retentir nos temples, soit qu'ils se récrient éloquemment dans leurs ouvrages sur les merveilles de la nature ; & suivant l'homme pas à pas, dans ce qu'il tient de ses divers âges, dans ses passions, dans ses maladies, dans sa structure, comparée à celle des animaux, vous conviendrez que la foi seule nous conduit à la croyance d'un être suprême; & que l'homme, organifé comme les autres animaux, pour quelques dégrés d'intelligence de plus, foumis aux mêmes loix, n'en doit pas moins subir le même fort. Ainfi du faîte de cette immortalité glorieufe, du haut de cette belle machine théologique, vous defcendrez, comme d'une *gloire* d'opéra, dans ce parterre phyfique, d'où ne voyant par-tout autour de vous que matiere éternelle, & formes qui fe fuccedent & périffent fans-ceffe, confus, vous avouerez qu'une entiere deftruction attend tous les corps animés. Et enfin ce tronc du fyftême des mœurs parfaitement déraciné par la philofophie, tous les efforts qu'on a faits pour concilier la philofophie avec la morale, et la théologie avec la raison, vous paroîtront frivoles et impuiffants.

Tel eft le premier point de vue & le plan de ce difcours; avançons & développons toutes ces idées vagues & générales.

La philofophie, aux recherches de laquelle tout eft foumis, eft foumife elle-même à la nature, comme une fille à fa mere. Elle a cela de commun avec la vraie médecine, qu'elle fe fait honneur de cet efclavage, qu'elle n'en connoît point d'autre, & n'entend point d'autre voix. Tout ce qui n'eft pas puifé dans le fein même de la nature, tout ce qui n'eft pas phénomenes, causes, effets, fcience des chofes, en un mot, ne regarde en rien la philosophie, & vient d'une source qui lui est étrangere.

Telle est la morale ; fruit arbitraire de la politique, qui peut à juste titre revendiquer ce qu'on lui a injustement usurpé. Nous verrons dans la suite, pourquoi elle a mérité d'être mise au nombre des parties de la philosophie, à laquelle il est évident que proprement elle n'appartient pas.

Les hommes ayant formé le projet de vivre ensemble, il a fallu former un système de mœurs politiques, pour la sûreté de ce commerce : & comme ce sont des animaux indociles, difficiles à dompter, & courant *spontanément* au bien-être, *per fas & nefas*, ceux qui par leur sagesse & leur génie ont été dignes d'être placés à la tête des autres, ont sagement appellé la religion au secours des regles & des loix, trop sensés, pour pouvoir prendre une autorité absolue sur l'impétueuse imagination d'un peuple turbulent & frivole. Elle a paru les yeux couverts d'un bandeau sacré ; & bientôt elle a été entourée de toute cette multitude qui écoute bouche béante & d'un air stupéfait les merveilles dont elle est avide ; merveilles qui la contiennent, ô prodige ! d'autant plus qu'elle les comprend moins.

Au double frein de la morale & de la religion, on a prudemment ajouté celui des supplices. Les bonnes, & sur-tout les grandes actions n'ont point été sans récompense, ni les mauvaises sans punition & le funeste exemple des coupables a retenu ceux qui alloient le devenir. Sans les gibets, les roues, les potences, les échafauds, sans ces hommes vils, rebut de la nature entière, qui pour de l'argent étrangleroient l'univers, malgré le jeu de toutes ces merveilleuses machines, le plus foible n'eût point été à l'abri du plus fort.

Puisque la morale tire son orgine de la politique, comme les loix & les bourreaux; il s'enfuit qu'elle n'est point l'ouvrage de la nature, ni par conféquent de la philofophie, ou de la raifon, tous termes fynonymes.

De-là encore il n'est pas furprenant que la philofophie ne conduife point à la morale, pour fe joindre à elle, pour prendre fon parti, & l'appuyer de fes propres forces. Mais il ne faut pas croire pour cela qu'elle nous y conduife, comme à l'ennemi, pour l'exterminer; fi elle marche à elle, le flambeau à la main, c'est pour la reconnoître en quelque forte, & juger de fang froid de la différence effentielle de leurs intérêts.

Autant les chofes font différentes des mœurs, le fentiment des loix, & la vérité de toute convention arbitraire, autant la philofophie est différente de la morale; ou fi l'on veut, autant la morale de la nature (car elle a la fienne) diffère de celle qu'un art admirable a fagement inventée. Si celle-ci paroît pénétrée de refpect pour la célefte fource dont elle eft émanée (la religion), l'autre n'en a pas un moins profond pour la vérité, ou pour ce qui en a même la fimple apparence, ni un moindre attachement à fes goûts, fes plaifirs, & en général à la volupté. La religion eft la bouffole de l'une, le plaifir celle de l'autre, en tant qu'elle fent; la vérité en tant qu'elle penfe.

Ecoutez la premiere : elle vous ordonnera impérieufement de vous vaincre vous-mêmes; décidant fans balancer que rien n'eft plus facile, & que « pour être vertueux, il ne faut que vouloir ». Prêtez l'oreille à la feconde; elle vous invitera à fuivre vos penchants, vos amours & tout ce qui vous plaît: ou plutôt dès-lors vous les avez déjà fuivis. Eh ! que le plaifir qu'elle nous infpire, nous fait bien fentir, fans tant de raifonnemens fuperflus, que ce n'eft que par lui qu'on peut être heureux !

Ici, il n'y a qu'à fe laiffer doucement aller aux agréables impulfions de la nature : là il faut fe roidir, fe *régimber* contr'elle. Ici, il fuffit de fe conformer à foi-même, d'être ce qu'on eft, & en quelque forte, de fe reffembler; là, il faut reſſembler aux autres malgré-ſoi, vivre & preſque penſer comme eux. Quelle comédie!

Le philoſophe a pour objet ce qui lui paroît vrai, ou faux, abſtraction faite de toutes conſéquences: le légiſlateur, peu inquiet de la vérité, craignant même peut-être (faute de philoſophie, comme on le verra) qu'elle ne tranſpire, ne s'occupe que du juſte et de l'injuſte, du bien & du mal moral. D'un côté, tout ce qui paroît être dans la nature, eſt appellé vrai; & on donne le nom de faux à tout ce qui n'y eſt point, à tout ce qui eſt contredit par l'obſervation & par l'expérience: de l'autre, tout ce qui favoriſe la ſociété, eſt décoré du nom de juſte, d'équitable, &c. tout ce qui bleſſe ſes intérêts, eſt flétri du nom d'injuſte; en un mot, la morale conduit à l'équité, à la juſtice, &c. & la philoſophie, tant leurs objets ſont divers, à la vérité.

La morale de la nature, ou de la philoſophie, eſt donc auſſi différente de celle de la religion & de la politique, mere de l'une & de l'autre, que la nature l'eſt de l'art. Diamétralement oppoſées, juſqu'à ſe tourner le dos, qu'en faut-il conclure, ſinon que la philoſophie eſt abſolument inconciliable avec la morale, la religion & la politique, rivales triomphantes dans la ſociété, honteuſement humiliées dans la ſolitude du cabinet & au flambeau de la raiſon: humiliées ſur-tout par les vains efforts même que tant d'habiles gens ont faits pour les accorder ensemble.

La nature auroit-elle tort d'être ainsi faite, & la raison de parler son langage, d'appuyer ses penchants & de favoriser tous ses goûts ? La société d'un autre côté auroit-elle tort à son tour de ne pas se mouler sur la nature ? Il est ridicule de demander l'un, & tout-à-fait extravagant de proposer l'autre.

Mauvais moule sans-doute pour former une société, que celui d'une raison, si peu à la portée de la plupart des hommes, que ceux qui l'ont le plus cultivée, peuvent seuls en sentir l'importance & le prix ! Mais aussi, plus mauvais moule encore pour former un philosophe, celui des préjugés & des erreurs qui font la base fondamentale de la société.

Cette réflexion n'a point échappé à la prudence des législateurs éclairés ; ils ont trop bien connu les animaux qu'ils avoient à gouverner.

On fait aisément croire aux hommes ce qu'ils désirent ; on leur persuade sans peine ce qui flatte leur amour propre ; & ils étoient d'autant plus faciles à séduire, que leur supériorité sur les autres animaux les avoit déjà aidés à se laisser éblouir. Ils ont cru qu'un peu de boue organisée pouvoit être immortel.

La nature désavoue cependant cette doctrine

puérile : c'eſt comme une écume qu'elle rejette & laiſſe au loin ſur le rivage de la mer théologique ; &, ſi l'on me permet de continuer de parler métaphoriquement, j'oſerois dire que tous les rayons qui partent du ſein de la nature, fortifiés & comme réfléchis par le précieux miroir de la philoſophie, détruiſent & mettent en poudre un dogme qui n'eſt fondé que ſur la prétendue utilité morale dont il peut être. Quelle preuve en demandez-vous ? Mes ouvrages même, puiſqu'ils ne tendent qu'à ce but ; ainſi que tant d'autres beaucoup mieux faits, ou plus ſavans, s'il faut l'être pour démontrer ce qui ſaute aux yeux de toutes parts : qu'il n'y a qu'une vie, & que l'homme le plus ſuperbe les établit en vain ſur une vanité mortelle comme lui. Oui, & nul ſage n'en diſconvient, l'orgueilleux monarque meurt tout en entier, comme le ſujet modeſte & le chien fidele : vérité terrible, ſi l'on veut, mais pour ces eſprits dont l'enfance eſt l'âge éternel ; ces eſprits auxquels un fantôme fait peur ; car elle ne laiſſe pas plus de doute que de crainte chez ceux qui ſont tant ſoit peu capables de réfléchir ; chez ceux qui ne détournent pas la vue de ce qui la frappe à chaque inſtant d'une façon ſi vive & ſi claire ; chez ceux enfin qui ont acquis, pour le dire ainſi, plus de maturité que d'adoleſcence.

Mais si la philosophie est contraire aux conventions sociales, aux principaux dogmes de la religion, aux mœurs, elle rompt les liens qui tiennent les hommes entr'eux ! Elle sappe l'édifice de la politique par ses fondemens !

Esprits sans profondeur, & sans justesse, quelle terreur panique vous effarouche ! Quel jugement précipité vous emporte au-delà du but & de la vérité ! Si ceux qui tiennent les rênes des empires, ne réfléchissoient pas plus solidement, ô le bel honneur, & la brillante gloire qui leur en reviendroit ! La philosophie prise pour un poison dangereux, la philosophie, ce solide pivot de l'éloquence, cette lymphe nourriciere de la raison, seroit proscrite de nos conversations, & de nos écrits; impérieuse & tyrannique reine, on n'oseroit en prononcer même le nom, sans craindre la Sibérie : & les philosophes chassés & bannis, comme perturbateurs, auroient le même sort qu'autrefois les prétendus médecins de Rome.

Non, erreur sans-doute, non, la philosophie ne rompt, ni ne peut rompre les chaînes de la société. Le poison est dans les écrits des philosophes, comme le bonheur dans les chansons, ou comme l'esprit dans les bergers de Fontenelle. On chante un bonheur imaginaire ; on donne aux bergers dans une églogue un esprit qu'ils n'ont pas : on suppose dangereux ce qui est bien éloigné de l'être ; car la fappe, dont nous avons parlé, bien différente de celle de nos tranchées, eft idéale, métaphyfique, & par conféquent elle ne peut rien détruire, ni renverfer, fi ce n'eft hypothétiquement. Or qu'eft-ce que renverfer dans une hypothefe les ufages introduits & accrédités dans la vie civile? C'eft n'y point toucher réellement, & les laiffer dans toute leur vigueur.

Je vais tâcher de prouver ma thefe par des raifonnemens fans réplique.

De la contradiction de principes d'une nature auffi diverfe que ceux de la philofophie & de la politique ; de principes dont le but & l'objet font effentiellement différens ; il ne s'enfuit nullement que les uns refutent ou détruifent les autres. Il n'en eft pas des fpéculations philofophiques, aux principes reçus dans le monde, & de la croyance néceffaire (je le fuppofe) à la fureté du commerce des hommes, comme de la théorie à la pratique de cet art. Ici, l'une a une influence fi directe, fi abfolue fur l'autre, que malheur aux malades, dont quelque Chiraca a enfilé le mauvais chemin ! Là, des méditations philofophiques, auffi innocentes que leurs auteurs, ne peuvent corrompre ou empoifonner la pratique de la fociété, qui n'a point d'ufages refpectés par le peuple, fi comiques & fi ridicules qu'ils foient, auxquels tout philosophe n'applaudisse aussi volontiers, quand il le faut, que ceux qui le font le moins : fort fâché sans-doute de porter le moindre échec à ce qui fait, ou plutôt passe pour faire la tranquillité publique.

La raison pour laquelle deux choses aussi contraires en apparence, ne se nuisent cependant en aucune maniere, c'est donc que leurs objets n'ont rien de commun entr'eux, leur but étant aussi divers, aussi éloigné l'un de l'autre, aussi opposé, que l'orient & l'occident. Nous verrons dans la suite que loin de se détruire, la philosophie & la morale peuvent très-bien agir & veiller de concert à la sûreté du public; nous verrons que si l'une influe sur l'autre, ce n'est qu'indirectement, mais toujours à son avantage; de sorte que, comme je l'ai dit d'abord, les nœuds de la société sont resserrés par ce qui semble, à la premiere vue, devoir les rompre & les dissoudre : paradoxe plus surprenant encore que le premier, & qui ne sera pas moins clairement démontré, à ce que j'espere, à la fin de ce discours.

Quelle lumiere affreuse seroit celle de la philosophie, si elle n'éclairoit les uns, qui sont en si petit nombre, que pour la perte & la ruine des autres, qui composent presque tout l'univers !

Gardons-nous de le penser. Les perturbateurs de la société n'ont été rien moins que des philosophes, comme on le verra plus loin; & la philosophie, amoureuse de la seule vérité, tranquille contemplatrice des beautés de la nature, incapable de témérité & d'usurpation, n'a jamais empiété sur les droits de la politique Quel est le philosophe en effet, si hardi qu'on veuille le supposer, qui en attaquant le plus vivement à force ouverte tous les principes de la morale, comme j'ose le faire dans mon *Anti-Sénèque*, disconvienne que les intérêts du public ne soient pas d'un tout autre prix que ceux de la philosophie?

La politique, entourée de tous ses ministres, va criant dans les places publiques, dans les chaires, & presque sur les toits: *Le corps n'est rien, l'ame est tout; mortels, sauvez-vous, quoiqu'il vous en coûte.* Les philosophes rient, mais ils écrivent tranquillement; pour apôtres & pour ministres, ils n'ont qu'un petit nombre de sectateurs aussi doux & aussi paisibles qu'eux, qui peuvent bien se réjouir d'augmenter leur troupeau, & d'enrichir leur domaine de l'heureuse acquisition de quelques beaux génies, mais qui seroient au désespoir de suspendre un moment le grand courant des choses civiles, loin de vouloir, comme on l'imagine communément, tout bouleverser.

Les prêtres déclament, échauffent les esprits par des promesses magnifiques, bien dignes d'enfler un sermon éloquent; ils prouvent tout ce qu'ils avancent, sans se donner la peine de raisonner; ils veulent enfin qu'on s'en rapporte à dieu : & leurs foudres sont prêts à écraser & réduire en poudre quiconque est assez raisonnable pour ne pas vouloir croire aveuglément tout ce qui révolte le plus la raison. Que les philosophes se conduisent plus sagement ! Pour ne rien promettre, ils n'en sont pas quittes à si bon marché; ils payent en choses sensées & en raisonnemens solides, ce qui ne coûte aux autres que du poumon & une éloquence aussi vuide & aussi vaine que leurs promesses. Or le raisonnement pourroit-il être dangereux, lui qui n'a jamais fait ni enthousiaste, ni secte, ni même théologien ?

Entrons dans un plus grand détail, pour prouver plus clairement que la philosophie la plus hardie n'est point essentiellement contraire aux bonnes mœurs, & ne traîne en un mot aucune sorte de danger à sa suite.

Quel mal, je le demande aux plus grands ennemis de la liberté de penser & d'écrire, quel mal y a-t-il d'acquiescer à ce qui paroît vrai, quand on reconnoît avec la même candeur, & qu'on suit avec la même fidélité ce qui paroît sage & utile ? A quoi serviroit donc le flambeau de la physique ? A quoi bon toutes ces curieuses observations ? Il faudroit éteindre l'un, & dédaigner les autres; au lieu d'encourager, comme font les plus grands princes les hommes qui se dévouent à ces laborieuses recherches. Ne peut-on tâcher de deviner & d'expliquer l'énigme de l'homme ? En ce cas, plus on seroit philosophe, plus, ce qu'on n'a jamais pensé, on seroit mauvais citoyen. Enfin quel funeste présent seroit la vérité, si elle n'étoit pas toujours bonne à dire ? Quel apanage superflu seroit la raison, si elle étoit faite pour être captivée & subordonnée ? Soutenir ce syſtème, c'eſt vouloir ramper, & dégrader l'eſpece humaine : croire qu'il eſt des vérités qu'il vaut mieux laisser éternellement enſevelies dans le ſein de la nature, que de les produire au grand jour, c'eſt favoriser la ſuperſtition & la barbarie.

Qui vit en citoyen, peut écrire en philoſophe.

Mais écrire en philoſophe, c'eſt enſeigner le matérialiſme ! Eh bien ! quel mal ! Si ce matérialiſme eſt fondé, s'il eſt l'évident réſultat de toutes les obſervations & expériences des plus grands philoſophes & médecins ; ſi l'on n'embraſſe ce ſyſtême, qu'après avoir attentivement ſuivi la nature, fait les mêmes pas aſſidument avec elle dans toute l'étendue du regne animal, & pour ainſi dire après avoir approfondi l'homme dans tous ſes âges & dans tous ſes états ? Si l'orthodoxe ſuit le philoſophe plutôt qu'il ne l'évite ; s'il ne cherche ni ne forge exprès ſa doctrine, s'il la rencontre en quelque ſorte, qu'elle ſe trouve à la ſuite de ſes recherches & comme fur fes pas, eft-ce donc un crime de la publier ? La vérité même ne vaudroit-elle donc pas la peine qu'on fe baiflât en quelque forte pour la ramaffer ?

Voulez-vous d'autres argumens favorables à l'innocence de la philofophie ? Dans la foule qui fe préfente, je ne choifirai que les plus frappants.

La Motte le Vayer a beau dire que la mort eft préférable à la mendicité; non-feulement cela ne dégoûte point de la vie ces *objets dégoûtants de la pitié publique*, (eh! quel fi grand malheur, s'il étoit poffible que ces malheureux, accceffibles à cette façon de penfer, délivraffent la fociété d'un poids plus qu'inutile à la terre)! mais quel eft l'infortuné mortel, qui du faîte de la fortune, précipité dans un abyme de mifere, ait, en conféquence de cette propofition philofophique, attenté à fes jours ?

Les Stoïciens ont beau crier : *fors de la vie, fi elle t'eft à charge ; il n'y a ni raifon ni gloire à refter en proie à la douleur, ou à la pauvreté ; délivres-toi de toi-même, rends-toi infenfible, comme heureux, à quelque prix que ce foit.* On ne fe tue pas plus pour cela, qu'on ne tue les autres ; & on n'en vole pas davantage, foit qu'on ait de la religion, foit qu'on n'en ait pas. L'inftinct, l'efpé-rance (divinité qui fourit aux malheureux, fentiment qui meurt le dernier dans l'homme), & la

potence

potence, y ont mis bon ordre. On ne se prive de la vie, que par un sentiment de malheur, d'ennui, de crainte, ou de certitude d'être encore plus mal qu'on n'est, sentiment noir, production atrabilaire, dans laquelle les philosophes & leurs livres n'entrent pour rien Telle est la source du suicide, & non tout système solidement raisonné, à moins qu'on ne veuille y ajouter cet enthousiasme, qui faisoit chercher la mort aux lecteurs d'Hégésias.

C'est ainsi que, quoiqu'il soit permis, suivant la loi de la nature & Puffendorf, de prendre par force un peu de ce qu'un autre a de trop, dans la plus pressante extrêmité, on n'ose cependant se faire justice à soi-même par une violence si légitime & si indispensable en apparence, parce que les loix la punissent, trop sourdes, hélas! aux cris de la nature aux abois. Tant il est vrai, pour le dire en passant, que, si les loix ont en général raison d'être sévères, elles trouvent quelquefois de justes motifs d'indulgence; car, puisque le particulier renonce sans cesse à lui-même en quelque sorte, pour ne point toucher aux droits du public; les loix qui les protegent, ceux qui ont l'autorité en main, devroient à leur tour, ce me semble, rabattre de leur rigoureuse sévérité, faire grace avec humanité à des malheureux qui leur ressemblent, se prêter à des besoins mutuels, & enfin ne point tomber en des contradictions si barbares avec leurs freres.

Le moyen de souscrire aux moindres inconvéniens d'une science qui a mérité le suffrage & la vénération des plus grands hommes de tous les siecles ! Les matérialistes ont beau prouver que l'homme n'est qu'une machine, le peuple (1) n'en croira jamais rien. Le même instinct qui le retient à la vie, lui donne assez de vanité pour croire son ame immortelle, & il est trop fou & trop ignorant pour jamais dédaigner cette vérité-là.

J'ai beau inviter ce malheureux à n'avoir point de remords d'un crime dans lequel il a été entraîné, comme on l'est sur-tout par ce qu'on nomme premier mouvement ; il en aura cependant, il en sera poursuivi; on ne se dépouille point sur une simple lecture, de *principes si accoutumés*, qu'on les prend pour *naturels*. La conscience ne se racornit qu'à force de scélératesse & d'infamie, pour lesquelles, loin d'y inviter, à dieu ne plaise ! j'ai tâché d'inspirer toute l'horreur dont je suis moi-même pénétré. Ainsi chansons pour

―――――――――――

(1) Quel si grand mal, quand il le croiroit ? Graces à la sévérité des loix, il pourroit être *Spinosiste*, sans que la société eût rien à craindre de la destruction des autels, où semble conduire ce hardi systême.

la multitude, que tous nos écrits: raisonnemens frivoles, pour qui n'est point préparé à en recevoir le germe; pour ceux qui le sont, nos hypotheses sont également sans danger. La justesse & la pénétration de leur génie a mis leur cœur en sûreté, devant ces hardiesses, &, si j'ose le dire, ces *nudités d'esprit.*

Mais quoi, les hommes vulgaires ne pourroient-ils être enfin séduits par quelques lueurs philosophiques, faciles à entrevoir dans ce torrent de lumieres, que la philosophie semble aujourd'hui verser à pleines mains? Et comme on prend beaucoup de ceux avec lesquels on vit, ne peut-on pas adopter facilement les opinions hardies dont les livres philosophiques sont remplis, moins à la vérité (quoiqu'on pense ordinairement le contraire) aujourd'hui qu'autrefois.

Les vérités philosophiques ne sont que des systêmes, dont l'auteur, qui a le plus d'art, d'esprit & de lumieres, est le plus séduisant; systêmes où chacun peut prendre son parti, parce que le pour n'est pas plus démontré que le contre pour la plupart des lecteurs; parce qu'il n'y a d'un côté & de l'autre, que quelques degrés de probabilité de plus & de moins, qui déterminent & forcent notre *assentiment*, & même que les seuls *bons esprits* (esprits plus rares que ceux qu'on appele *beaux*), peuvent sentir, ou saisir combien de difputes, d'erreurs, de haines & de contradictions, a enfanté la fameufe queftion de la liberté, ou du fatalifme ! Ce ne font que des hypothefes cependant. L'efprit borné, ou illuminé, croyant à la doctrine de mauvais cahiers qu'il nous débite d'un air fuffifant, s'imagine bonnement que tout eft perdu, morale, religion, fociété, s'il eft prouvé que l'homme n'eft pas libre. L'homme de génie au contraire, l'homme impartial & fans préjugés, regarde la folution du problême, quelle qu'elle foit, comme fort indifférente, & en foi, & même eû égard à la fociété. Pourquoi ? C'eft qu'elle n'entraîne pas dans la pratique du monde les relations délicates & dangereufes, dont fa théorie paroît menacer. J'ai cru prouver que les remords font des préjugés de l'éducation, & que l'homme eft une machine qu'un fatalifme abfolu gouverne impérieufement : j'ai pu me tromper, je veux le croire : mais fuppofé, comme je penfe fincerement, que cela foit philofophiquement vrai, qu'importe ? Toutes ces queftions peuvent être mifes dans la claffe du point mathématique, qui n'exifte que dans la tête des géometres, & de tant de problêmes de géométrie & d'algebre, dont la folution claire & idéale montre toute la force de l'efprit humain ; force qui n'eft point ennemie des loix, théorie innocente & de pure curiofité, qui eft fi peu reverfible à la pratique, qu'on n'en peut faire plus d'ufage, que de toutes ces vérités métaphyfiques de la plus haute géométrie.

Je paffe à de nouvelles réflexions naturellement liées aux précédentes, qu'elles ne peuvent qu'appuyer de plus en plus.

Depuis que le Polythéifme eft aboli par les loix, en fommes-nous plus honnêtes gens ? Julien, apoftat, valoit-il moins que chrétien ? En étoit-il moins un grand homme, & le meilleur des princes ? Le chriftianifme eût-il rendu Caton le cenfeur moins dur & moins féroce ? Caton d'Utique moins vertueux ? Cicéron moins excellent citoyen ? &c. Avons-nous, en un mot, plus de vertus que les païens ? Non, & ils n'avoient pas moins de religion que nous; ils fuivoient la leur, comme nous fuivons la nôtre, c'eft-à-dire fort mal, ou point du tout. La fuperftition étoit abandonnée au peuple & aux prêtres, croyants (1) mercenaires; tandis que les honnêtes gens, fentant bien que pour l'être la religion leur étoit inutile, s'en moquoient. Croire un dieu, en croire plufieurs, regarder la nature comme la caufe aveugle & inexplicable de tous les phénomenes; ou féduit par l'ordre merveilleux qu'ils nous offrent, reconnoître une intelligence fuprême, plus incompréhenfible encore

―――――

(1) Pour la plupart.

que la nature; croire que l'homme n'est qu'un animal comme un autre, seulement plus spirituel; ou regarder l'ame comme une substance distincte du corps, & d'une essence immortelle: voilà le champ où les philosophes ont fait la guerre entr'eux, depuis qu'ils ont connu l'art de raisonner; & cette guerre durera tant que cette *reine des hommes*, l'opinion, régnera sur la terre; voilà le champ où chacun peut encore aujourd'hui se battre, & suivre, parmi tant d'étendards, celui qui rira le plus à sa fortune, ou à ses préjugés, sans qu'on ait rien à craindre de si frivoles & si vaines escarmouches. Mais c'est ce que ne peuvent comprendre ces esprits qui ne voient pas plus loin que leurs yeux: ils se noient dans cette mer de raisonnemens. En voici d'autres qui par leur simplicité seront peut-être plus à la portée de tout le monde.

Comme le silence de tous les anciens auteurs prouve la nouveauté de certain mal immonde, celui de tous les écrivains sur les maux qu'auroit causés la philosophie (dans la supposition qu'elle en cause où en peut causer), dépose en faveur de sa bénignité & de son innocence.

Quant à la communication, où si l'on veut, à la contagion que l'on craint, je ne la crois pas possible. Chaque homme est si fortement convaincu de la vérité des principes dont on a imbu, &

comme abreuvé son enfance; son amour-propre se croit si intéressé à les soutenir, & à n'en point démordre, que, quand j'aurois la chose aussi fortement à cœur, qu'elle m'est indifférente, avec toute l'éloquence de Cicéron, je ne pourrois convaincre personne d'être dans l'erreur. La raison en est simple; ce qui est clair & démontré pour un philosophe, est obscur, incertain, ou plutôt faux pour ceux qui ne le sont pas, principalement s'ils ne sont pas faits pour le devenir.

Ne craignons donc pas que l'esprit du peuple se moule jamais sur celui des philosophes, trop au-dessus de sa portée. Il en est comme de ces instrumens à sons graves & bas, qui ne peuvent monter aux tons aigus & perçants de plusieurs autres, ou comme d'une basse-taille, qui ne peut s'élever aux sons ravissants de la haute-contre. Il n'est pas plus possible à un esprit sans nulle teinture philosophique, quelque pénétration naturelle qu'il ait, de prendre le tour d'esprit d'un physicien accoutumé à réfléchir, qu'à celui-ci de prendre le tour de l'autre, & de raisonner aussi mal. Ce sont deux physionomies qui ne se ressembleront jamais, deux instrumens, dont l'un est tourné, cizelé, travaillé; l'autre brut, & tel qu'il est sorti des mains de la nature. Enfin le pli est fait; il restera; il n'est pas plus aisé à l'un de s'élever, qu'à l'autre de descendre. L'ignorant, plein de préjugés, parle & raisonne à vuide; il ne fait, comme on dit, que battre la campagne, ou, ce qui revient au même, que rappeler & remâcher (s'il les fait) tous ces pitoyables arguments de nos écoles & de nos pédants; tandis que l'habile homme fuit pas à pas la nature, l'obfervation & l'expérience, n'accorde fon fuffrage qu'aux plus grands dégrés de probabilité & de vraifemblance, & ne tire enfin des conféquences rigoureufes & immédiates, dont tout bon efprit eft frappé, que de faits qui ne font pas moins clairs, que de principes féconds & lumineux.

Je conviens qu'on prend de la façon de penfer, de parler, de gefticuler, de ceux avec qui l'on vit; mais cela fe fait peu-à-peu, par imitation machinale, comme les cuiffes fe remuent à la vue & dans le fens de celles de certains pantomimes; on y eft préparé par dégrés, & de plus fortes habitudes furmontent enfin de plus foibles.

Mais où trouverons-nous ici cette force d'habitudes nouvelles, capables de vaincre & de déraciner les anciennes? Le peuple ne vit point avec les philofophes, il ne lit point de livres philofophiques. Si par hafard il en tombe un entre fes mains, ou il n'y comprend rien: ou, s'il y conçoit quelque chofe, il n'en croit pas un mot; & traitant fans façon de fous les philofophes, comme les poëtes, il les trouve également dignes des petites maifons.

Ce n'est qu'aux esprits déjà éclairés, que la philosophie peut se communiquer; elle n'est nullement à craindre pour ceux-là, comme on l'a vu. Elle passe cent coudées par-dessus les autres têtes, où elle n'entre pas plus que le jour dans un noir cachot.

Mais voyons en quoi consiste l'essence de la fameuse dispute qui regne en morale entre les philosophes & ceux qui ne le sont pas. Chose surprenante! Il ne s'agit que d'une simple distinction, distinction solide, quoique scholastique; elle seule, qui l'eût cru ? peut mettre fin à ces especes de guerres civiles, & réconcilier tous nos ennemis : je m'explique. Il n'y a rien d'absolument injuste. Nulle équité réelle, nuls vices, nulle grandeur, nuls crimes absolus. Politiques, religionnaires, accordez cette vérité aux philosophes, & ne vous laissez pas forcer dans des retranchements où vous ferez honteusement défaits. Convenez de bonne foi que celui-là est juste, qui pese la justice, pour ainsi dire, au poids de la société; & à leur tour, les philosophes vous accorderont (dans quel temps l'ont-ils nié ?) que telle action est relativement juste ou injuste, honnête ou déshonnête, vicieuse ou vertueuse, louable, infâme, criminelle, &c. Qui vous dispute la nécessité de toutes ces belles relations arbitraires ? Qui vous dit que vous n'avez pas raison d'avoir imaginé une autre vie, & tout ce magnifique fyflême de la religion, digne fujet d'un poëme épique? Qui vous blâme d'avoir pris les hommes par leur foible, tantôt en les *piquant*, comme dit Montagne, en les prenant à l'amorce de la plus flatteufe efpérance; tantôt en les tenant en refpect par les plus effrayantes menaces? On vous accorde encore, fi vous voulez, que tous ces bourreaux imaginaires de l'autre vie font caufe que les nôtres ont moins d'occupation: que la plupart des gens du peuple n'évitent *une de ces* (1) *manieres de s'élever dans le monde*, dont parle le docteur Swift, que parce qu'ils craignent les tourments de l'enfer.

Oui, vous avez raifon, magiftrats, miniftres, législateurs, d'exciter les hommes par tous les moyens poffibles, moins à faire un bien dont vous vous inquiétez peut-être fort peu, qu'à concourir à l'avantage de la fociété, qui eft votre point capital, puifque vous y trouvez votre fûreté. Mais pourquoi ne pas nous accorder aussi avec la même candeur & la même impartialité, que des vérités fpéculatives ne font point dangereufes, & que quand je prouverai que l'autre vie eft une chimere, cela n'empêchera pas le peuple d'aller fon train, de refpecter la vie & la bourfe des autres, & de croire aux préjugés les plus ridicules, plus que je

---

(1) La potence.

ne crois à ce qui me semble la vérité même. Nous connoissons comme vous cette hydre à cent & cent mille têtes folles, ridicules & imbécilles ; nous savons combien il est difficile de mener un animal qui ne se laisse point conduire, nous applaudissons à vos loix, à vos mœurs & à votre religion même, presqu'autant qu'à vos potences & à vos échafauds. Mais à la vue de tous les hommages que nous rendons à la sagesse de votre gouvernement, n'êtes-vous point tentés d'en rendre à votre tour à la vérité de nos observations, à la solidité de nos expériences, à la richesse enfin, & à l'utilité, qui plus est, de nos découvertes ? Par quel aveuglement ne voulez-vous point ouvrir les yeux à une si éclatante lumiere ? Par quelle bassesse dédaignez-vous d'en faire usage ? Par quelle barbare tyrannie, qui plus est, troublez-vous dans leurs cabinets, ces hommes tranquilles, qui honorant l'esprit humain & leur patrie, loin de vous troubler dans vos fonctions publiques, ne peuvent que vous encourager à les bien remplir, & à prêcher, si vous pouvez, même d'exemple ?

Que vous connoissez peu le philosophe, si vous le croyez dangereux !

Il faut que je vous le peigne ici des couleurs les plus vraies. Le philosophe est homme, & par conséquent il n'est pas exempt de toutes passions ;

mais elles font réglées, & pour ainfi dire, circonfcrites par le compas même de la fageffe ; c'eft pourquoi elles peuvent bien le porter à la volupté, (eh ! pourquoi fe refuferoit-il à ces étincelles de bonheur, à ces honnêtes & charmants plaifirs, pour lefquels on diroit que fes fens ont été vifiblement faits ?) mais elles ne l'engageront ni dans le crime, ni dans le défordre. Il feroit bien fâché qu'on pût accufer fon cœur de fe reffentir de la liberté, ou fi l'on veut, de la licence de fon efprit. N'ayant pour l'ordinaire pas plus à rougir d'un côté que de l'autre ; modele d'humanité, de candeur, de douceur, de probité, en écrivant contre la loi naturelle, il la fuit avec rigueur ; en difputant fur le jufte, il l'eft cependant vis-a-vis de la fociété. Parlez, ames vulgaires, qu'exigez-vous de plus ?

N'accufons point les philofophes d'un défordre dont ils font prefque tous incapables. Ce n'eft véritablement, fuivant la réflexion du plus bel efprit de nos jours, ni Bayle, ni Spinofa, ni Vanini, ni Hobbes, ni Locke & autres métaphyficiens de la même trempe ; ce ne font point auffi tous ces aimables & voluptueux philofophes de la fabrique de Montagne, de Saint-Evremond ou de Chaulieu, qui ont porté le flambeau de la difcorde dans la patrie ; ce font des théologiens, efprits turbulents qui font la guerre aux hommes, pour fervir un dieu de paix.

Mais tirons le rideau sur les traits les plus affreux de notre histoire, & ne comparons point le fanatisme & la philosophie. On sait trop qui des deux a armé divers sujets contre leurs rois, monstres vomis du fond des cloîtres par l'aveugle superstition, plus dangereuse cent fois, comme Bayle l'a prouvé, que le déisme ou même l'athéisme, systêmes égaux pour la société, nullement blâmables, quand ils sont l'ouvrage non d'une aveugle débauche, mais d'une réflexion éclairée : mais c'est ce qu'il m'importe de prouver en passant.

N'est-il pas vrai qu'un déiste ou un athée, comme tel, ne fera point à autrui ce qu'il ne voudroit pas qu'on lui fît, de quelque source que parte ce principe, que je crois rarement *naturel*, soit de la crainte, comme l'a voulu Hobbes, soit de l'amour propre qui paroît le principal moteur de nos actions ? Pourquoi ? parce qu'il n'y a aucune relation nécessaire entre ne croire qu'un dieu, ou n'en croire aucun, & être un mauvais citoyen. De-là vient que dans l'histoire des athées, je n'en trouve pas un seul qui n'ait mérité des autres & de sa patrie. Mais si c'est l'humanité même, si c'est ce sentiment inné de tendresse qui a gravé cette loi dans son cœur, il sera humain, doux, honnête, affable, généreux, désintéressé, il aura une vraie grandeur d'ame, & il réunira en un mot toutes les qualités de l'honnête homme, avec toutes les vertus sociales qui le supposent.

La vertu peut donc prendre dans l'athée les racines les plus profondes, qui souvent ne tiennent, pour ainsi dire, qu'à un fil sur la surface d'un cœur dévot. C'est le sort de tout ce qui part d'une heureuse organisation ; les sentimens qui naissent avec nous sont ineffaçables, & ne nous quittent qu'à la mort.

Après cela, de bonne foi, comment a-t-on pu mettre en question si un déiste, ou un Spinosiste pouvoit être honnête homme ? Qu'ont de répugnant avec la probité les principes d'irréligion ? Ils n'ont aucun rapport avec elle, *toto cœlo distant*. J'aimerois autant m'étonner, comme certains catholiques, de la bonne foi d'un protestant.

Il n'est pas plus raisonnable, à mon avis, de demander si une société d'athées pourroit se soutenir. Car pour qu'une société ne soit point troublée, que faut-il ? Qu'on reconnoisse la vérité des principes qui lui servent de base ? Point du tout. Qu'on en reconnoisse la sagesse ? Soit. La nécessité ? Soit encore, si l'on veut, quoiqu'elle ne porte que sur l'ignorance & l'imbécilité vulgaire. Qu'on les suive ? Oui : oui sans doute, cela suffit. Or quel est le déiste ou l'athée, qui, pensant autrement que les autres, ne se conforme pas cependant à leurs mœurs ? Quel est le matérialiste, qui plein, & comme gros de son système, (soit qu'il garde intérieurement sa façon de penser, & n'en parle qu'à ses amis, ou à des gens versés comme lui dans les plus hautes sciences, soit que par la voie de la conversation, & sur-tout par celle de l'impression il en ait accouché & fait confidence à tout l'univers ;) quel est, dis-je, l'athée qui aille de ce même pas voler, violer, brûler, assassiner & s'immortaliser par divers crimes ? Hélas ! il est trop tranquille, il a de trop heureux penchants pour chercher une odieuse & exécrable immortalité ; tandis que par la beauté de son génie, il peut aussi bien se peindre dans la mémoire des hommes, qu'il a été agréable pendant sa vie par la politesse & la douceur de ses mœurs.

Qui l'empêche, dites-vous, de renoncer à une vertu, de l'exercice de laquelle il n'attend aucune récompense ? qui l'empêche de se livrer à des vices ou à des crimes, dont il n'attend aucune punition après la mort ?

O l'ingénieuse & admirable réflexion ! Qui vous en empêche vous-mêmes, ardents *spiritualistes* ! Le diable. La belle machine & le magnifique *épouvantail* ! Le philosophe, que ce seul nom fait rire, est retenu par une autre crainte que vous partagez avec lui, lorsqu'il a le malheur, ce qui est rare, de n'être pas conduit par l'amour de l'ordre : ainsi ne partageant point vos frayeurs de l'enfer, qu'il foule à ses pieds, comme Virgile &

toute la favante antiquité, par-là même il est plus heureux que vous.

Non-feulement je pense qu'une société d'athées philofophes fe foutiendroit très-bien, mais je crois qu'elle fe foutiendroit plus facilement qu'une fociété de dévots, toujours prêts à fonner l'alarme fur le mérite & la vertu des hommes fouvent les plus doux & les plus fages. Je ne prétends pas favorifer l'athéifme, à dieu ne plaife ! Mais examinant la chofe en phyficien défintéreffé, roi, je diminuerois ma garde avec les uns, dont le cœur patriote m'en ferviroit, pour la doubler avec les autres, dont les préjugés font les premiers rois. Le moyen de refufer fa confiance à des efprits amis de la paix, ennemis du défordre & du trouble, à des efprits de fang froid, dont l'imagination ne s'échauffe jamais ; & qui ne décident de tout qu'après un mur examen, en philofophes, tantôt portant l'étendard de la vérité, en face même de la politique, tantôt favorifant toutes fes conventions arbitraires, fans fe croire, ni être véritablement pour cela coupables, ni envers la fociété, ni envers la philofophie.

Quel fera maintenant, je le demande, le fubterfuge de nos antagoniftes? Les ouvrages licencieux & hardis des matérialiftes; cette volupté, aux charmes de laquelle je veux croire que la

plupart

plupart ne fe refufent pas plus que moi ? Mais quand du fond de leur cœur, elle ne feroit que paffer & couler lubriquement dans leur plume libertine; quand, le livre de la nature à la main, les philofophes montant fur les épaules les uns des autres, nouveaux géants, efcaladeroient le ciel, quelle conféquence fi facheufe à en tirer ! Jupiter n'en fera pas plus détrôné, que les ufages de l'Europe ne feroient détruits par un Chinois qui écriroit contr'eux. Ne peut-on encore donner une libre carriere à fon génie, ou à fon imagination, fans que cela difpofe contre les mœurs de l'écrivain le plus audacieux ? La plume à la main, on fe permet plus de chofes dans une folitude qu'on veut égayer, que dans une fociété qu'on n'a pour but que d'entretenir en paix.

Combien d'écrivains mafqués par leurs ouvrages, le cœur en proie à tous les vices, ont le front d'écrire fur la vertu, femblables à ces prédicateurs, qui fortant des bras d'une jeune penitente qu'ils ont convertie (à leur maniere) viennent dans des difcours moins fleuris que leur teint, nous prêcher la continence & la chafteté ! Combien d'autres, croyant à peine en dieu, pour faire fortune, fe font montrés dans de pieux écrits les apôtres de livres apocryphes, dont ils fe moquent eux-mêmes; le foir à la taverne avec leurs amis, ils rient de ce pauvre public qu'ils ont *leurré*, comme faisoit peut-être Sénèque, qu'on ne soupçonne pas d'avoir eu le cœur aussi pur & aussi vertueux que sa plume ! Plein de vices & de richesses, n'est-il pas ridicule & scélérat de plaider pour la vertu & la pauvreté ?

Mais pour en venir à des exemples plus honnêtes, & qui ont un rapport plus intime à mon sujet, le sage Bayle, connu pour tel par tant de gens dignes de foi aujourd'hui vivants, a parsemé ses ouvrages d'un assez grand nombre de passages obscènes, & de réflexions qui ne le font pas moins. Pourquoi ? Pour réjouir & divertir un esprit fatigué. Il faisoit à-peu-près comme nos prudes ; il accordoit à son imagination un plaisir qu'il refusoit à ses sens ; plaisir innocent, qui réveille l'ame & la tient plus long-temps en haleine. C'est ainsi que la gaieté des objets, dont le plus souvent dépend la nôtre, est nécessaire aux poëtes : c'est elle qui fait éclore ces graces, ces amours, ces fleurs, & toute charmante volupté qui coule du pinceau de la nature, & que respirent les vers d'un Voltaire, d'un Arnaud, ou de ce roi fameux qu'ils ont l'honneur d'avoir pour rival.

Combien d'auteurs gais, voluptueux, ont passé pour tristes & noirs, parce qu'ils ont paru tels dans leurs romans, ou dans leurs tragédies ! Un homme très-aimable, qui n'est rien moins que triste, (ami du plus grand des rois, allié à une des plus grandes maisons d'Allemagne, estimé, aimé de tous ceux qui le connoissent ; jouissant de tant d'honneurs, de bien, de réputation, il seroit sans doute fort à plaindre s'il l'étoit) a paru tel à quelques lecteurs, dans son célebre *essai de Philosophie morale*. Pourquoi ? parce qu'on lui suppose constamment la même sensation que nous laissent des vérités philosophiques, plus faites pour mortifier l'amour-propre du lecteur, que pour le flatter & le divertir. Combien de satyriques, & notamment Boileau, n'ont été que de vertueux ennemis des vices de leur temps ! Pour s'armer & s'élever contr'eux, pour châtier les méchants & les faire rentrer en eux-mêmes, on ne l'est pas plus, qu'on l'est triste, pour dire des choses qui ne sont ni agréables, ni flatteuses : & comme un auteur gai & vif peut écrire sur la mélancolie & la tranquillité, un savant heureux peut faire voir qu'en général l'homme est fort éloigné de l'être.

Si j'ose me nommer après tant de grands hommes, que n'a-t-on pas dit, ô bon dieu ! & que n'en a-t-on pas écrit ! Quels cris n'ont pas poussés les dévots, les médecins & les malades même, dont chacun a épousé la querelle de son charlatan ? Quelles plaintes ameres de toutes parts ? Quel journaliste a refusé un *glorieux* asyle à mes calomniateurs, ou plutôt ne l'a pas été lui-même? Quel vil gazetier de Gottingen, & même de Berlin, ne m'a pas déchiré à belles dents? Dans quelle maison dévote ai-je été épargné, ou plutôt n'ai-je pas été traité comme un Cartouche? par qui? par des gens qui ne m'ont jamais vu; par des gens irrités de me voir penser autrement qu'eux, sur-tout désespérés de ma seconde fortune: par des gens enfin qui ont cru mon cœur coupable des démangeaisons systématiques de mon esprit. De quelle indignité n'est pas capable l'amour-propre blessé dans ses préjugés les plus mal-fondés, ou dans sa conduite la plus dépravée! Foible roseau transplanté dans une eau si trouble, sans cesse agité par tous les vents contraires, comment ai-je pu y prendre une si ferme & si belle racine? Par quel bonheur entouré de si puissants ennemis, me suis-je soutenu, & même élevé malgré eux, jusqu'au trône d'un roi, dont la seule protection déclarée pouvoit enfin dissiper, comme une vapeur maligne, un si cruel acharnement?

Osons le dire, je ne ressemble en rien à tous ces portraits qui courent de moi par le monde, & on auroit même tort d'en juger par mes écrits; certes ce qu'il y a de plus innocent dans ceux d'entr'eux qui le sont le plus, l'est encore moins que moi. Je n'ai ni mauvais cœur, ni mauvaise intention à me reprocher : & si mon esprit s'est égaré, (il est fait pour cela) mon cœur plus heureux ne s'est point égaré avec lui.

Ne se désabusera-t-on jamais sur le compte des philosophes & des écrivains? Ne verra-t on point qu'autant le cœur est différent de l'esprit, autant les mœurs peuvent différer d'une doctrine hardie, d'une satyre, d'un systême, d'un ouvrage quel qu'il soit.

De quel danger peuvent être les égaremens d'un esprit sceptique qui vole d'une hypothese à une autre, comme un oiseau de branche en branche, emporté aujourd'hui par un dégré de probabilité, demain séduit par un autre plus fort?

Pourquoi rougirois-je de flotter ainsi entre la vraisemblance & l'incertitude? La vérité est-elle à la portée de ceux qui l'aiment le plus, & qui la recherchent avec le plus de candeur & d'empressement? Hélas! non; le sort des meilleurs esprits est de passer du berceau de l'ignorance, où nous naissons tous, dans le berceau du Pyrronisme, où la plupart meurent.

Si j'ai peu ménagé les préjugés vulgaires, si je n'ai pas même daigné user contr'eux de ces ruses & de ces stratagêmes qui ont mis tant d'auteurs à l'abri de nos Juifs & de leurs synodes, il ne s'ensuit pas que je sois un mauvais sujet, un perturbateur, une *peste* dans la société ;

car tous ces *éloges* n'ont rien coûté à mes adversaires. Quelle que soit ma spéculation dans le repos de mon cabinet, ma pratique dans le monde ne lui ressemble guere, je ne moralise point de bouche, comme par écrit. Chez moi, j'écris ce qui me paroit vrai ; chez les autres je dis ce qui me paroit bon, salutaire, utile, avantageux : ici je préfere la vérité, comme philosophe ; là, l'erreur, comme citoyen ; l'erreur est en effet plus à la portée de tout le monde ; nourriture générale des esprits, dans tous les temps & dans tous les lieux, quoi de plus digne d'éclairer & de conduire ce vil troupeau d'imbécilles mortels ! Je ne parle point dans la société de toutes ces hautes vérités philosophiques, qui ne sont point faites pour la multitude. Si c'est déshonorer un grand remède, que de le donner à un malade absolument sans ressource, c'est prostituer l'auguste science des choses, que de s'en entretenir avec ceux qui n'étant point initiés dans ses mysteres, ont des yeux sans voir, & des oreilles sans entendre. En un mot, membre d'un corps dont je tire tant d'avantages, il est juste que je me conduise sans répugnance sur des principes auxquels (posée la méchanceté de l'espèce) chacun doit la sûreté de sa personne & de ses biens. Mais philosophe, attaché avec plaisir au char glorieux de la sagesse, m'élevant au-dessus des préjugés, je gémis sur leur nécessité, fâché que le monde entier ne puisse être peuplé d'habitants qui se conduisent par raison.

Voilà mon ame toute nue. Pour avoir dit librement ce que je pense, il ne faut donc pas croire que je sois ennemi des bonnes mœurs, ni que j'en aie de mauvaises. *Si impura est pagina mihi, vita proba.* Je ne suis pas plus Spinosiste, pour avoir fait *l'homme machine*, & exposé le *système d'Epicure*, que méchant, pour avoir fait une satyre contre les plus charlatants de mes confrères; que vain, pour avoir critiqué nos beaux esprits; que débauché, pour avoir osé manier le délicat pinceau de la volupté. Enfin, quoique j'aie fait main basse sur les remords, comme philosophe, si ma doctrine étoit dangereuse (ce que je défie le plus acharné de mes ennemis de prouver) j'en aurois moi-même comme citoyen.

J'ai bien voulu au reste avoir une pleine condescendance pour tous ces esprits foibles, bornés, scrupuleux, qui composent le *savant* public; plus ils m'ont mal compris & mal interprété, plus ils ont représenté mon dessein avec une injustice odieuse, moins j'ai cru devoir leur remettre devant les yeux un ouvrage qui les a si fort & si mal-à-propos scandalisés, séduits sans doute par ces especes d'abattis philosophiques que j'ai faits des vices & des vertus ; mais la preuve que je ne me crois pas coupable envers la société que je respecte & que j'aime, c'est que, malgré tant de plaintes & de cris, je viens de faire réimprimer le même écrit, retouché & refondu ; uniquement à la vérité pour me donner l'honneur de mettre aux pieds de sa majesté un exemplaire complet de mes ouvrages. Devant un tel genie on ne doit point craindre de paroitre a découvert, si ce n'est à cause du peu qu'on en a.

Ah ! si tous les princes étoient aussi pénétrants, aussi éclairés, aussi sensibles au don précieux de l'esprit, avec quel plaisir & quel succès, chacun suivant hardiment le talent qui l'entraine, favoriseroit le progrès des lettres, des sciences, des beaux arts, & sur-tout de leur auguste Souveraine, la philosophie. On n'entendroit plus parler de ces fâcheux préjugés où l'on est, que cette science trop librement cultivée, peut s'élever sur les débris des loix, des mœurs, &c. on donneroit sans crainte une libre carriere à ces beaux & puissans esprits, aussi capables de faire honneur aux arts par leurs lumieres, qu'incapables de nuire à la société par leur conduite. Enfin loin de gêner, de chagriner les seuls hommes, qui dissipant peu-à peu les ténebres de notre ignorance, peuvent éclairer l'univers, on les encourageroit au contraire par toutes fortes de récompenses & de bienfaits.

Il est donc vrai que la nature & la raison humaine, éclairées par la philosophie & la religion, soutenue & comme étayée par la morale & la politique, sont faites par leur propre constitution pour être éternellement en guerre; mais qu'il ne s'ensuit pas pour cela, que la philosophie, quoique théoriquement contraire à la morale & à la religion, puisse réellement détruire ces liens sages & sacrés. Il est aussi prouvé que toutes ces guerres philosophiques n'auroient au fond rien de dangereux sans l'odieuse haine théologique qui les suit; puisqu'il suffit de définir, de distinguer et de s'entendre, (chose rare à la vérité) pour concevoir que la philosophie & la politique ne se croisent point dans leurs marches, & n'ont en un mot rien d'essentiel à démêler ensemble.

Voilà deux branches bien *élaguées*, si je ne me trompe; passons à la troisieme, & mon paradoxe sera prouvé dans toute son étendue.

Quoique le resserrement des nœuds de la société par les heureuses mains de la philosophie, paroisse un problème plus difficile à comprendre à la première vue, je ne crois cependant pas, après tout ce qui a été dit ci-devant, qu'il faille des réflexions bien profondes pour le résoudre.

Sur quoi n'étend-elle pas ses aîles? A quoi ne

communique-t-elle pas sa force & sa vigueur ? Et de combien de façons ne veut-elle pas se rendre utile & recommandable ?

Comme c'est elle qui traite le corps en médecine, c'est elle aussi qui traite, quoique dans un autre sens, les loix, l'esprit, le cœur, l'ame, &c. c'est elle qui dirige l'art de penser, par l'ordre qu'elle met dans nos idées ; c'est elle qui sert de base à l'art de parler, & se mele enfin utilement par-tout, dans la jurisprudence, dans la morale, dans la métaphysique, dans la rhétorique, dans la religion, &c. oui, utilement, je le répète, soit qu'elle enseigne des vérités ou des erreurs.

Sans ses lumieres, les médecins seroient réduits aux premiers tâtonnemens de l'aveugle empirisme, qu'on peut regarder comme le fondateur de l'art hypocratique.

Comment est-on parvenu à donner un air de doctrine, & comme une espece de corps solide, au squelette de la métaphysique ? En cultivant la philosophie, dont l'art magique pouvoit seul changer un *vuide Toricellien*, pour ainsi m'exprimer, en *un plein apparent*, & faire croire immortel ce souffle fugitif, cet air de la vie, si facile à pomper de la machine pneumatique du Thorax.

Si la religion eût pu parler le langage de la raison, Nicole, cette belle plume du siecle passé, qui l'a si bien contrefait, le lui eût fait tenir. Or par quel autre secours ?

Combien d'autres, soit d'excellens usages, soit heureux abus de l'industrie des philosophes ! Qui a érigé la morale à son tour en espèce de science ? Qui l'a fait figurer, qui l'a fait entrer avec sa compagne, la méthaphysique, dans le domaine de la sagesse dont elle fait aujourd'hui partie ? Elle-même, la philosophie. Oui, c'est elle qui a taillé & perfectionné cet utile instrument ; qui en a fait une boussole merveilleuse, sans elle aimant brut de la société : c'est ainsi que les arbres les plus stériles en apparence, peuvent tôt ou tard porter les plus beaux fruits. C'est ainsi que nos travaux académiques auront peut-être aussi quelque jour une utilité sensible.

Pourquoi Moïse a-t-il été un si grand législateur ? Parce qu'il étoit philosophe. La philosophie influe tellement sur l'art de gouverner, que les princes, qui ont été à l'école de la sagesse, sont faits pour être, & sont effectivement meilleurs que ceux qui n'ont point été imbus des préceptes de la philosophie, témoin encore l'empereur Julien, & le roi philosophe, aujourd'hui si célèbre. Il a senti la nécessité d'abroger les loix, d'adoucir les peines, de les proportionner aux crimes ; il a porté de ce côté cet œil philosophique qui brille dans tous ses ouvrages. Ainsi la justice fait d'autant mieux dans tous les états où j'écris, qu'elle a été, pour ainsi dire *raisonnée*, & sagement réformée par le prince qui les gouverne. S'il a proscrit du barreau un art qui fait ses délices, comme il fait ceux de ses lecteurs, c'est qu'il en a connu tout le séduisant prestige : c'est qu'il a vu l'abus qu'on peut faire de l'éloquence, & celui qu'en a fait Cicéron lui-même (1).

Il est vrai que la plus mauvaise cause, maniée par un habile rhéteur, peut triompher de la meilleure, dépouillée de ce souverain empire que l'art de la parole n'usurpe que trop souvent sur la justice & la raison.

Mais tous ces abus, tout cet harmonieux clinquant de périodes arrondies, d'expressions artistement arrangées, tout ce vuide de mots qui périssent pompeusement dans l'air, ce laiton pris pour de l'or, cette fraude d'éloquence enfin, comment pourroit-on la découvrir, & séparer tant d'alliage du vrai métal ?

S'il est possible de tirer quelquefois la vérité de ce puits impénétrable, au fond duquel un ancien l'a placée, la philosophie nous en indique les moyens. C'est la pierre de touche des pensées solides, des raisonnemens justes ; c'est le creuset où

---

(1) *Voyez* les excellents mémoires que le roi à donnés à son académie.

s'évapore tout ce que méconnoît la nature. Dans ses habiles mains, le peloton des choses les plus embrouillées se développe & se devide en quelque sorte, aussi aisément qu'un grand médecin débrouille & démasque les maladies les plus compliquées.

La rhétorique donne-t-elle aux loix ou aux actions les plus injustes, un air d'équité & de raison ? la philosophie n'en est pas la dupe; elle a un point fixe pour juger sainement de ce qui est honnête, ou deshonnête, équitable ou injuste, vicieux ou vertueux ; elle découvre l'erreur & l'injustice des loix, & met la veuve avec l'orphelin à l'abri des pieges de cette Sirene, qui prend sans peine, & non sans danger, la raison à l'appas d'un discours brillant & fleuri. Souffle pur de la nature, le poison le mieux apprêté ne peut vous corrompre.

Mais l'éloquence même, cet art inventé par la coquetterie de l'esprit, qui est à la philosophie ce que la plus belle forme est à la plus précieuse matiere, quand elle doit trouver sa place, qui lui donne ce ton mâle, cette force véhémente avec laquelle tonnent les Démosthènes & les Bourdaloues ? La philosophie. Sans elle, sans l'ordre qu'elle met dans les idées, l'éloquence de Cicéron eût peut-être été vaine ; tous ces beaux plaidoyers qui faisoient pâlir le crime, triompher la vertu, trembler Verrès, Catilina, &c. tous ces chefs-d'œuvres de l'art de parler n'eussent point maîtrisé les esprits de tout un sénat romain, & ne fussent point parvenus jusqu'a nous.

Je sais qu'un seul trait d'éloquence chaude & pathétique, au seul nom de *Patrie* ou de *Français* bien prononcé, peut exciter les hommes à l'héroïsme, rappeler la victoire & fixer l'incertitude du sort. Mais ces cas sont rares, où l'on n'a affaire qu'à l'imagination des hommes; où tout est perdu, si on ne la remue fortement; au lieu que la philosophie qui n'agit que sur la raison, est d'un usage journalier, & rend service, même lorsqu'on en abuse en l'appliquant à des erreurs reçues.

Mais pour revenir, comme je le dois, à un sujet important sur lequel je n'ai fait que glisser; c'est la raison éclairée par le flambeau de la philosophie, qui nous montre ce point fixe dont j'ai parlé; ce point duquel on peut partir pour connoître le juste & l'injuste, le bien & le mal moral. Ce qui appartient à la loi, donne le droit; mais ce droit en soi, n'est ni droit de raison, ni droit d'équité; c'est un droit de force, qui écrase souvent un misérable qui a de son côté la raison & la justice. Ce qui protege le plus foible contre le plus fort, peut donc n'être point équitable; & par conséquent les loix peuvent souvent avoir besoin d'être rectifiées. Or, qui les rectifiera, réformera, pesera, pour ainsi dire, si ce n'est la philosophie?

Comment ? Où ? Si ce n'eſt dans la balance de la ſageſſe & de la ſociété : car le voilà, le point fixe, d'où l'on peut juger du juſte & de l'injuſte ; l'équité ne ſe connoît & ne ſe montre que dans ce ſeul point de vue ; elle ne ſe peſe, encore une fois, que dans cette balance, où les loix doivent par conſéquent entrer. On peut dire d'elles, & de toutes les actions humaines, que celles-là ſeules ſont juſtes, ou équitables, qui favoriſent la ſociété ; que celles-là ſeules ſont injuſtes, qui bleſſent ſes intérêts. Tel eſt encore une fois le ſeul moyen de juger ſainement de leur mérite & de leur valeur.

En donnant gain de cauſe à Puffendorf ſur Grotius, perſonnages célebres, qui ont marché par des chemins divers dans la même carriere, la philoſophie avoue que, ſi l'un s'eſt montré meilleur philoſophe que l'autre, en reconnoiſſant tout acte humain indifférent en ſoi, il n'a pas plus directement frappé au but, comme juriſconſulte, ou moraliſte, en donnant aux loix ce qui eſt reverſible à ceux pour leſquels elles ſont faites. Oſons le dire, ces deux grands hommes, faute d'idées claires & de notre point fixe, n'ont fait que battre la campagne.

C'eſt ainſi que la philoſophie nous apprend que ce qui eſt abſolument vrai, n'étouffe pas ce qui eſt relativement juſte, & que par conſéquent elle ne peut nuire à la morale, à la politique, & en un mot à la fureté du commerce des hommes; conféquence évidente, à laquelle on ne peut trop revenir dans un difcours fait exprès pour la développer & la mettre dans tout fon jour.

Puifque nous favons, à n'en pouvoir douter, que ce qui eft vrai, n'eft pas jufte pour cela, & réciproquement que ce qui eft jufte, peut bien n'etre pas vrai; ce qui tient du légal, ne fuppofe abfolument aucune équité, laquelle n'eft reconnoiffable qu'au figne & au caractere que j'ai rapporté, je veux dire, l'intérêt de la fociété; voilà donc enfin les ténebres de la jurifprudence & les chemins couverts de la politique, éclairés par le flambeau de la philofophie. Ainfi toutes ces vaines difputes fur le bien & le mal moral, à jamais terminées pour les bons efprits, ne feront plus agitées que par ceux dont l'entêtement & la partialité ne veulent point céder à la fagacité des réflexions philofophiques, ou dont le fanatique aveuglement ne peut fe défiller a la plus frappante lumiere.

Il eft temps d'envifager notre aimable reine fous un autre afpect. Le feu ne dilate pas plus les corps, que la philofophie n'agrandit l'efprit : propriété par laquelle feule, quelques fyftêmes qu'on embraffe, elle peut toujours fervir.

Si je découvre que toutes les preuves de l'exiftence

tence de dieu ne sont que spécieuses & éblouissantes ; que celles de l'immortalité de l'ame ne sont que scholastiques & frivoles ; que rien en un mot ne peut donner d'idées de ce que nos sens ne peuvent sentir, ni notre foible esprit comprendre : nos illuminés *Abadistes*, nos poudreux *Scholares*, crieront vengeance, & un *Cuistre à rabat*, pour me rendre odieux à toute une nation, m'appellera publiquement *athée* : mais si j'ai raison, si j'ai prouvé une vérité nouvelle, refuté une ancienne erreur, approfondi un sujet superficiellement traité, j'aurai étendu les limites de mon savoir & de mon esprit ; j'aurai, qui plus est, augmenté les lumieres publiques, & l'esprit répandu dans le monde, en communiquant mes recherches, & en osant afficher ce que tout philosophe timide ou prudent se dit à l'oreille.

Ce n'est pas que je ne puisse être le jouet de l'erreur ; mais quand cela seroit, en faisant penser mon lecteur, en aiguisant sa pénétration, j'étendrois toutefois les bornes de son génie, & par-là même, je ne vois pas pourquoi je serois si mal accueilli par les bons esprits.

Comme les plus fausses hypotheses de Descartes passent pour d'heureuses erreurs, en ce qu'elles ont fait entrevoir & découvrir bien des vérités qui seroient encore inconnues sans elles ; les systémes de morale ou de métaphysique les plus mal fondés, ne sont pas pour cela dépourvus d'utilité, pourvu qu'ils soient bien raisonnés, & qu'une longue chaîne de conséquences merveilleusement déduites, quoique de principes faux, chimériques, tels que ceux de Leibnitz & de Wolff, donne à l'esprit exercé la facilité d'embrasser dans la suite un plus grand nombre d'objets. En effet qu'en résultera-t-il ? Une plus excellente longue vue ; un meilleur télescope, &, pour ainsi dire, de nouveaux yeux, qui ne tarderont peut-être pas à rendre de grands services.

Laissons le peuple dire & croire que c'est abuser de son esprit & de ses talents, que de les faire servir au triomphe d'une doctrine opposée aux principes, ou plutôt aux préjugés généralement reçus ; car ce seroit dommage au contraire que le philosophe ne les tournât pas du seul côté par lequel il peut acquérir des connoissances. Pourquoi ? Parce que son génie fortifié, étendu, & après lui tous ceux auxquels ses recherches & ses lumieres pourront se communiquer, seront plus à portée de juger des cas les plus difficiles ; de voir les abus qui se glissent ici ; les profits qu'on pourroit faire là ; de trouver enfin les moyens les plus courts & les plus efficaces de remédier au désordre. Semblable à un médecin, qui, faute de théorie, marcheroit éternellement à tâtons dans le vaste labyrinthe de son art : sans ce nouveau surplus de lumieres, auxquelles il ne manquoit qu'une plus heureuse application, l'esprit moins cultivé, plus étroit, n'auroit jamais pu découvrir toutes ces choses. Tant il est vrai que suivant les divers usages qu'on peut faire de la science des choses par leurs effets (car c'est ainsi que je voudrois la philosophie modestement definie), elle a une infinité de rameaux qui s'étendent au loin & semblent pouvoir tout protéger : la nature, en puisant mille trésors dans son sein, trésors que son ingénieuse pénétration fait valoir, & rend encore plus précieux; l'art, en exerçant le génie & reculant les bornes de l'esprit humain.

Que nous serviroit d'augmenter les facultés de notre esprit, s'il n'en résultoit quelque bien pour la société, si l'accroissement du génie & du savoir n'y contribuoit en quelque maniere, directe ou indirecte ?

Il n'est donc rien de plus vrai que cette maxime ; que le peuple sera toujours d'autant plus aisé à conduire, que l'esprit humain acquerra plus de force & de lumieres. Par conséquent comme on apprend dans nos maneges à brider, à monter un cheval fougueux, on apprend de même à l'école des philosophes l'art de rendre les hommes dociles & de leur mettre un frein, quand on ne peut les conduire par les lumieres naturelles de la raison. Peut-on mieux faire que de la fréquenter affidument ? Et quelle aveugle barbarie d'en fermer jufqu'aux avenues ?

De tous côtés, de celui de l'erreur même, comme de la vérité, la philofophie a donc encore une fois une influence fur le bien public, influence le plus fouvent indirecte à la vérité, mais fi confidérable, qu'on peut dire que, comme elle eft la clef de la nature & des fciences, la gloire de l'efprit, elle eft auffi le flambeau de la raifon, des loix & de l'humanité.

Faifons-nous donc honneur de porter un flambeau utile à ceux qui le portent, comme à ceux qu'il éclaire.

Légiflateurs, juges, magiftrats, vous n'en vaudrez que mieux, quand la faine philofophie éclairera toutes vos démarches; vous ferez moins d'injuftices, moins d'iniquités, moins d'infamies : enfin vous contiendrez mieux les hommes philofophes, qu'orateurs & raifonnants, que raifonneurs.

Abufer de la philofophie, comme de l'éloquence, pour féduire & augmenter les deux principales facultés de l'ame l'une par l'autre, c'eft favoir habilement s'en fervir. Croyez-vous que la religion mette le plus foible à l'abri du plus fort ? Penfez-vous que les préjugés des hommes foient autant de freins qui les retiennent ; que leur bonne foi, leur probité, leur justice, ne tiendront qu'à un fil, une fois dégagées des chaînes de la superstition ? Servez-vous de toute votre force pour conserver un aveuglement précieux, sur lequel puissent leurs yeux ne jamais s'ouvrir : si le malheur du monde en dépend ! Raffermissez par la force d'arguments captieux leur foi chancelante ; ravalez leur foible génie par la force du vôtre à la religion de leurs peres ; donnez, comme nos sacrés *Joffés*, un air de vraisemblance aux plus répugnantes absurdités : que le tabernacle s'ouvre ; que les loix de Moïse s'interprètent, que les mystères se dévoilent, & qu'enfin tout s'explique. L'autel n'en est que plus respectable, quand c'est un philosophe qui l'encense.

Tel est le fruit de l'arbre philosophique, fruit mal-à-propos défendu, si ce n'est que j'aime à croire, & encore plus à voir que la défense ici, comme en tant d'autres choses, excite les esprits généreux à les cueillir, & à en répandre de toutes parts le délicieux parfum & l'excellent goût.

Je ne prétends pas insinuer par-là qu'on doive tout mettre en œuvre pour endoctriner le peuple & l'admettre aux mystères de la nature. Je sens trop bien que la tortue ne peut courir, les animaux rampans voler, ni les aveugles voir. Tout ce que je desire, c'est que ceux qui tiennent le timon de l'état, soient un peu philosophes : tout ce que je pense, c'est qu'ils ne sauroient l'être trop.

En effet, j'en ai déjà fait sentir l'avantage par les plus grands exemples : plus les princes ou leurs ministres seront philosophes, plus ils seront à portée de sentir la différence essentielle qui se trouve entre leurs caprices, leur tyrannie, leurs loix, leur religion, la verité, l'équité, la justice ; & par conséquent plus ils feront en état de servir l'humanité & de mériter de leurs sujets, plus aussi ils seront à portée de connoître que la philosophie, loin d'être dangereuse, ne peut qu'être utile & salutaire ; plus ils permettront volontiers aux savants de répandre leurs lumieres à pleines mains ; plus ils comprendront enfin, qu'aigles de l'espece humaine, faits pour s'élever, si ceux-ci combattent philosophiquement les préjugés des uns, c'est pour que ceux qui seront capables de saisir leur doctrine, s'en servent, & les fassent valoir au profit de la société, lorsqu'ils les croiront nécessaires.

Pleins d'un respect unique & sans bornes pour cette reine du sage, nous la croirons donc bienfaisante, douce, incapable de traîner à sa suite aucun inconvénient fâcheux : simples, comme la vérité qu'elle annonce, nous croirons que les oracles de cette vénérable Sibylle ne font équivoques, que pour ceux qui n'en peuvent pénétrer & le sens & l'esprit; toujours utiles, directement ou indirectement, quand on sait en faire un bon usage.

Sectateurs zélés de la philosophie, pour en être plus zélés patriotes, laissons donc crier le vulgaire des hommes, & semblables aux Jansénistes qu'une excommunication injuste n'empêche pas de faire ce qu'ils croient leur devoir, que tous les cris de la haine théologique, que la puissante cabale des préjugés qui l'attisent, loin de nous empêcher de faire le nôtre, ne puissent jamais émousser ce goût dominant pour la sagesse, qui caractérise un philosophe.

Ce devoir, si vous le demandez, c'est de ne point croire en imbécille, qui se sert moins de sa raison, qu'un avare de son argent; c'est encore moins de feindre de croire; l'hypocrisie est une comédie indigne de l'homme; enfin c'est de cultiver une science, qui est la clef de toutes les autres, & qui, graces au bon goût du siecle, est plus à la mode aujourd'hui que jamais.

Oui, philosophes, voilà votre devoir: le vôtre, princes, c'est d'écarter tous les obstacles qui effraient les génies timides; c'est d'écarter toutes ces bombes de la théologie & de la métaphysique, qui ne font pas pleines de vent, quand c'eſt un ſaint homme en fureur qui les lance : *tantæ animis cæleſtibus iræ!*

Encourager les travaux philoſophiques par des bienfaits & des honneurs, pour punir ceux qui y conſacrent leurs veilles, quand par hazard ces travaux les éloignent des ſentiers de la multitude & des opinions communes, c'eſt refuſer la communion & la ſépulture à ceux que vous payez pour vous amuſer ſur leurs theâtres. L'un, il eſt vrai, ne devroit pas m'etonner plus que l'autre : mais à la vue de pareilles contradictions, le moyen de ne pas s'écrier avec un poëte philoſophe !

Ah! verrai-je toujours ma folle nation
Incertaine en ſes vœux, flétrir ce qu'elle admire;
Nos mœurs avec nos loix toujours ſe contredire,
Et le foible Français s'endormir ſous l'empire
   De la ſuperſtition ?

Le tonnerre eſt loin : laiſſons gronder, & marchons d'un pas ferme à la vérité : rien ne doit enchaîner dans un philoſophe la liberté de penſer ; ſi c'eſt une folie, c'eſt celle des grandes ames : pourvu qu'elles s'élevent, elles ne craignent point de tomber.

Qui ſacrifie les dons précieux du génie à une vertu politique, triviale & bornée comme elles le font toutes, peut bien dire qu'il a reçu fon efprit en ftupide inftinct, & fon ame en fordide intérêt. Qu'il s'en vante au refte, fi bon lui femble; pour moi, difciple de la nature, ami de la feule vérité, dont le feul fantôme me fait plus de plaifir, que toutes les erreurs qui menent à la fortune : moi qui ai mieux aimé me perdre au grand jour par mon peu de génie, que de me fauver, & même de m'enrichir dans l'obfcurité par la prudence ; philofophe généreux, je ne refuferai point mon hommage aux charmes qui m'ont féduit. Plus la mer eft couverte d'écueils & fameufe en naufrages, plus je penferai qu'il eft beau d'y chercher l'immortalité au travers de tant de périls : oui, j'oferai dire librement ce que je penfe ; & à l'exemple de Montagne, paroiffant aux yeux de l'univers, comme devant moi-même, les vrais juges des chofes me trouveront plus innocent que coupable dans mes opinions les plus hardies, & peut-être vertueux dans la confeffion même de mes vices.

Soyons donc libres dans nos écrits, comme dans nos actions ; montrons-y la fiere indépendance d'un républicain. Un écrivain timide & circonfpect, ne fervant ni les fciences, ni l'efprit humain, ni fa patrie, fe met lui-même des entraves qui l'empêchent de s'élever ; c'eft un coureur dont les fouliers ont une femelle de plomb, ou un nageur qui met des vessies pleines d'eau sous ses aisselles. Il faut qu'un philosophe écrive avec une noble hardiesse, ou qu'il s'attende à ramper comme ceux qui ne le font pas.

O vous ! qui êtes si prudents, si réservés, qui usez de tant de ruses & de stratagèmes, qui vous masquez de tant de voiles & avec tant d'adresse, que les hommes simples, persiflés, ne peuvent vous deviner, qui vous retient ? Je le vois, vous sentez que parmi tant de seigneurs qui se disent vos amis, (1) avec qui vous vivez dans la plus grande familiarité, il ne s'en trouvera pas un seul qui ne vous abandonne dans la disgrace; non, pas un seul qui ait la générosité de redemander à son roi le rappel d'un homme de génie : vous craignez le sort de ce jeune & célebre savant, à qui un *aveugle* a suffi pour éclairer l'univers, & conduire son auteur à Vincennes : ou de cet autre (Toussaint) moins grand génie, que des *mœurs* pures, toujours estimables, quoique quelquefois bisarres, trouvées indiscrettement sur les traces du paganisme, ont relégué, dit-on, à cette autre affreuse inquisition (la Bastille). Quoi donc ! de tels écrits

---

(1) *Donec eris felix, multos numerabis amicos;*
Tempora si fuerint nubila, solus eris.

n'excitent point en vous cette élévation, cette grandeur d'ame, qui ne connoît point de danger ? A la vue de tant de beaux ouvrages, êtes-vous fans courage, fans amour-propre ? A la vue de tant d'ame, ne vous en fentez-vous point ?

Je ne dis pas que la liberté de l'efprit foit préférable à celle du corps ; mais quel homme, vraiment homme, tant foit peu fenfible à la belle gloire, ne voudroit pas à pareil prix être quelque temps privé de la derniere ?

Rougiffez, tyrans d'une raifon fublime ; femblables à des polypes coupées en une infinité de morceaux, les écrits que vous condamnez au feu fortent, pour ainfi dire, de leurs cendres, multipliés à l'infini. Ces hommes que vous exilez, que vous forcez de quitter leur patrie (j'ofe le dire, fans craindre qu'on me foupçonne d'aucune application vaine, ni de vifs regrets), ces hommes que vous enfermez dans des prifons cruelles, écoutez ce qu'en penfent les efprits les plus fages & les plus éclairés ! Ou plutôt, tandis que leur perfonne gémit emprifonnée, voyez la gloire porter en triomphe leurs noms jufqu'aux cieux ! nouveaux Auguftes, ne le foyez pas en tout ; épargnez-vous la honte des crimes littéraires ; un feul peut flétrir tous vos lauriers ; ne puniffez pas les lettres & les arts de l'imprudence de ceux qui les cultivent le mieux ; ou les Ovides modernes porteront avec leurs soupirs vos cruels traitements à la postérité indignée, qui ne leur refusera ni larmes ni suffrage. Et comment pourroit-elle, sans ingratitude, lire d'un œil sec les *tristes* & les complaintes de beaux esprits, qui n'ont été malheureux que parce qu'ils ont travaillé pour elle ?

Mais ne peut-on chercher l'immortalité, sans se perdre ? Et quelle est cette folle yvresse où je me laisse emporter ! Oui, il est un milieu juste & raisonnable (*Est modus in rebus*, &c.), dont la prudence ne permet pas qu'on s'écarte. Auteurs à qui la plus flatteuse vengeance ne suffit point ; je veux dire l'applaudissement de l'Europe éclairée, voulez-vous faire impunément des ouvrages immortels ? Pensez tout haut, mais cachez (1) vous. Que

---

(1) C'est la nécessité de me cacher, qui m'a fait imaginer la *dédicace* à *M. Haller*. Je sens que c'est une double extravagance de dédier amicalement un livre aussi hardi que *l'Homme-Machine*, à un savant que je n'ai jamais vu, & que 50 ans n'ont pu délivrer de tous les préjugés de l'enfance ; mais je ne croyois pas que mon style m'eût trahi. Je devrois peut-être supprimer une piece qui a fait tant crier, gémir, renier celui à qui elle est adressée ; mais elle a reçu de si grands éloges publics d'écrivains, dont le suffrage est infiniment flatteur, que je n'ai pas eu ce courage.

PRÉLIMINAIRE. 61

la postérité soit votre seul point de vue; qu'il ne soit jamais croisé par aucun autre. Ecrivez, comme si vous étiez seuls dans l'univers, ou comme si vous n'aviez rien à craindre de la jalousie & des préjugés des hommes, ou vous manquerez le but.

Je ne me flatte pas de l'atteindre; je ne me flatte pas que le son qui me désigne, & qui m'est commun avec tant d'hommes obscurs, soit porté dans l'immensité des siecles & des airs: si je consulte même moins ma modestie que ma foiblesse, je croirai sans peine que l'écrivain, soumis aux mêmes loix que l'homme, périra tout entier. Qui sait même, si dans un projet si fort au-dessus de mes forces, une réputation aussi foible que la mienne ne pourroit pas échouer au même écueil où s'est déjà brisée ma fortune.

Quoiqu'il en soit, aussi tranquille sur le sort de mes ouvrages, que sur le mien propre, j'attesterai du moins que j'ai regardé la plupart de mes contemporains, comme des préjugés ambulants, que je n'ai pas plus brigué leur suffrage, que craint leur blâme, ou leur censure; & qu'enfin content

---

Je prends la liberté de la faire reparoître, telle qu'on l'a déjà vue dans toutes les éditions de *l'Homme-Machine*, *cum bonâ veniâ celeberrimi, SAVANTISSIMI, PEDANTISSIMI professoris.*

& trop honoré de ce petit nombre de lecteurs dont parle Horace, & qu'un esprit solide préférera toujours au reste du monde entier, j'ai tout sacrifié au brillant spectre qui m'a séduit. Et certes, s'il est dans mes écrits quelques beautés neuves & hardies, un certain feu, quelque étincelle de génie enfin, je dois tout à ce courage philosophique, qui m'a fait concevoir la plus haute & la plus téméraire entreprise.

Mon naufrage, & tous les malheurs qui l'ont suivi, sont au reste faciles à oublier dans un port aussi glorieux & aussi digne d'un philosophe : j'y bois à longs traits l'oubli de tous les dangers que j'ai courus. Eh ! le moyen de se repentir d'une aussi heureuse faute que la mienne !

Mais quelle plus belle invitation aux amateurs de la vérité ! On peut ici, apôtre de la seule nature, braver les préjugés & tous les ennemis de la saine philosophie, comme on se rit du courroux des flots dans une rade tranquille. Je n'entends plus gronder les miens que de loin, & comme une tempête qui bat le vaisseau dont je me suis sauvé. Quel plaisir de n'avoir à faire sa cour qu'à cette reine immortelle ! Quelle honte, qu'on ne puisse ailleurs librement faire voile sur une mer qui conduit à l'acquisition de tant de richesses, & comme au Pérou des sciences ! Beaux esprits, savants, philosophes, génies de tous les genres, qui vous retient dans les fers de vos contrées? Celui que vous voyez, celui qui vous ouvre si libéralement la barriere, est un héros, qui jeune encore, est arrivé au temple de mémoire par presque tous les chemins qui y conduisent. Venez.... Que tardez-vous? Il sera votre guide, votre modele & votre appui : il vous forcera par son illustre exemple à marcher sur ses traces dans le pénible sentier de la gloire; *dux & exemplum & necessitas*, comme dit Pline le jeune en un autre sujet. S'il ne vous est pas donné de le suivre, vous partagerez du moins avec nous le plaisir de l'admirer de plus près. Certes, je le jure, ce n'est pas sa couronne, c'est son esprit que j'envie.

Vous, que ces sacrés perturbateurs d'un repos respectable n'ont point troublés, sous de si glorieux auspices, paroissez hardiment, ouvrages protégés, vous ne le feriez point, si vous étiez dangereux: un philosophe ne vous eût point permis de paroître. Un esprit vaste, profond, accoutumé à réfléchir, sait trop bien que ce qui n'est que philosophiquement vrai, ne peut être nuisible.

Il y a quelques années, qu'enveloppés d'un triste manteau, vous étiez, hélas! réduits à vous montrer seuls, timides en quelque sorte, & comme autrefois les vers d'Ovide exilé, sans votre auteur, que vous craignez même de démasquer; semblables à ces tendres enfants, qui voudroient dérober leur pere à la poursuite de trop cruels créanciers. Aujourd'hui (pour parodier cet aimable & malheureux poëte), libres & plus heureux, vous n'irez plus en ville sans lui, & vous marcherez l'un & l'autre, téte levée, entendant gronder le vulgaire, comme un navigateur (pour parler en poëte) sûr de la protection de Neptune, entend gronder les flots.

TRAITÉ DE L'AME.

CHAPITRE PREMIER.

EXPOSITION DE L'OUVRAGE.

CE n'eſt ni Ariſtote, ni Platon, ni Deſcartes, ni Mallebranche, qui vous apprendront ce que c'eſt que votre ame. En vain vous vous tourmentez pour connoître ſa nature : n'en déplaiſe à votre vanité & à votre indocilité, il faut que vous vous ſoumettiez à l'ignorance & à la foi. L'eſſence de l'ame de l'homme & des animaux eſt & ſera toujours auſſi inconnue, que l'eſſence de la matiere & des corps. Je dis plus ; l'ame dégagée du corps par abſtraction, reſſemble à la matiere conſiderée ſans aucunes formes : on ne peut la concevoir. L'ame & le corps ont été faits enſemble dans le même inſtant, & comme d'un ſeul coup de pin-

Tome I. E

ceau. Ils ont été jetés au même moule, dit un grand théologien (1) qui a ofé penfer. Celui qui voudra connoître les propriétés de l'ame, doit donc auparavant rechercher celles qui fe manifeftent clairement dans les corps, dont l'ame eft le principe actif.

Cette réflexion conduit naturellement à penfer qu'il n'eft point de plus furs guides que les fens. Voilà mes philofophes. Quelque mal qu'on en dife, eux feuls peuvent éclairer la raifon dans la recherche de la vérité; oui, c'eft à eux feuls qu'il faudra toujours revenir, quand on voudra férieufement la connoître.

Voyons donc, avec autant de bonne foi que d'impartialité, ce que nos fens peuvent découvrir dans la matiere, dans la fubftance des corps, & fur-tout des corps organifés; mais n'y voyons que ce qui y eft, & n'imaginons rien. La matiere eft par elle-même un principe paffif, elle n'a qu'une force *d'inertie*; c'eft pourquoi toutes les fois qu'on la verra fe mouvoir, on pourra conclure que fon mouvement vient d'un autre principe, qu'un bon efprit ne confondra jamais avec celui qui le contient, je veux dire, avec la matiere ou la fubftance des corps, parce que l'idée de l'un & l'idée de

---

(1) *TERTULLIEN de refurrect.*

l'autre forment deux idées intellectuelles, aussi différentes que l'actif & le passif. Si donc il est dans les corps un principe moteur, & qu'il soit prouvé que ce même principe qui fait battre le cœur, fasse aussi sentir les nerfs & penser le cerveau, ne s'ensuivra-t-il pas clairement que c'est à ce principe qu'on donne le nom d'*ame*. Il est démontré que le corps humain n'est dans sa premiere origine qu'un *ver*, dont toutes les métamorphoses n'ont rien de plus surprenant que celles de tout insecte. Pourquoi ne seroit-il pas permis de rechercher la nature, ou les propriétés du principe inconnu, mais évidemment *sensible* & *actif*, qui fait ramper ce *ver* avec orgueil sur la surface de la terre ? La vérité n'est-elle donc pas plus faite pour l'homme, que le bonheur auquel il aspire ? Ou n'en serions-nous si avides, & pour ainsi dire si amoureux, que pour n'embrasser qu'une nue, au lieu de la déesse, comme les poëtes l'ont feint d'Ixion.

CHAPITRE II.

De la matiere.

Tous les philosophes qui ont attentivement examiné la nature de la matiere, considérée en elle-même, indépendamment de toutes les formes qui constituent les corps, ont découvert dans cette substance diverses propriétés, qui découlent d'une essence absolument inconnue. Telles sont, 1°. la puissance de recevoir différentes formes, qui se produisent dans la matiere même, & par lesquelles la matiere peut acquérir la force motrice & la faculté de sentir; 2°. l'étendue actuelle, qu'ils ont bien reconnue pour un attribut, mais non pour l'essence de la matiere.

Il y en a cependant eu quelques-uns, & entr'autres Descartes, qui ont voulu réduire l'essence de la matiere à la simple étendue, & borner toutes les propriétés de la matiere à celles de l'étendue; mais ce sentiment a été rejeté par tous les autres modernes, qui ont été plus attentifs à toutes les propriétés de cette substance, ensorte que la puissance d'acquérir la force motrice & la faculté de sentir, a été de tout temps considérée, de même que l'étendue, comme une propriété essentielle de la matiere.

Toutes les diverses propriétés qu'on remarque dans ce principe inconnu, démontrent un être dans lequel existent ces mêmes propriétés, un être qui par conséquent doit exister par lui-même. Or, on ne conçoit pas, ou plutôt il paroit impossible, qu'un être qui existe par lui-même, puisse ni se créer, ni s'anéantir. Il ne peut y avoir évidemment que les formes, dont ses propriétés essentielles le rendent susceptible, qui puissent se détruire & se reproduire tour-à-tour. Aussi l'expérience nous force-t-elle d'avouer que rien ne se fait de rien.

Tous les philosophes qui n'ont point connu les lumieres de la foi, ont pensé que ce principe substantiel des corps a existé & existera toujours, & que les élémens de la matiere ont une solidité indestructible, qui ne permet pas de craindre que le monde vienne à s'écrouler. La plupart des philosophes chrétiens reconnoissent aussi qu'il existe nécessairement par lui-même, & qu'il n'est point de sa nature d'avoir pu commencer, ni de pouvoir finir, comme on peut le voir dans un auteur du siecle dernier, qui professoit (1) la théologie à Paris.

---

(1) GOUDIN. *Philosophia juxtà inconcussa tutissimaque Divi Thomæ dogmata.*
Lugd. 1678.

CHAPITRE III.

De l'étendue de la matiere.

QUOIQUE nous n'ayons aucune idée de l'essence de la matiere, nous ne pouvons refuser notre consentement aux propriétés que nos sens y découvrent.

J'ouvre les yeux, & je ne vois autour de moi que matiere, ou qu'étendue. L'étendue est donc une propriété qui convient toujours à toute matiere, qui ne peut convenir qu'à elle seule, & qui par conséquent est co-essentielle à son sujet.

Cette propriété suppose dans la substance des corps, trois dimensions, longueur, largeur & profondeur. En effet, si nous consultons nos connoissances, qui viennent toutes des sens, on ne peut concevoir la matiere, ou la substance des corps, sans l'idée d'un être à la fois long, large & profond; parce que l'idée de ces trois dimensions est nécessairement liée à celle que nous avons de toute grandeur ou quantité.

Les philosophes qui ont le plus médité sur la matiere, n'entendent pas par l'étendue de cette substance une étendue solide, formée de parties distinctes, capable de résistance. Rien n'est uni, rien n'est divisé dans cette étendue : car pour diviser, il faut une force qui désunisse; il en faut une aussi, pour unir les parties divisées. Or, suivant ces physiciens, la matiere n'a point de force actuellement active : parce que toute force ne peut venir que du mouvement, ou de quelqu'effort ou tendance au mouvement, & qu'ils ne reconnoissent dans la matiere dépouillée de toute forme par abstraction, qu'une force motrice en *puissance*.

Cette théorie est difficile à concevoir : mais les principes posés, elle est rigoureusement vraie dans ses conséquences. Il en est ainsi de ces vérités algébriques, dont on connoît mieux la certitude, que l'esprit ne la conçoit.

L'étendue de la matiere n'est donc qu'une étendue métaphysique, qui n'offre rien de sensible, suivant l'idée de ces mêmes philosophes. Ils pensent avec raison qu'il n'y a que l'étendue solide qui puisse frapper nos sens.

Il nous paroit donc que l'étendue est un attribut qui fait partie de la forme métaphysique : mais nous sommes éloignés de croire qu'une étendue solide constitue son essence.

Cependant, avant Descartes, quelques anciens avoient fait consister l'essence de la matiere dans l'étendue solide. Mais cette opinion que les Cartésiens ont tant fait valoir, a été victorieusement combattue dans tous les temps, par des raisons évidentes que nous exposerons dans la suite; car l'ordre veut que nous examinions auparavant à quoi se réduisent les propriétés de l'étendue.

CHAPITRE IV.

Des propriétés méchaniques-passives de la matiere, dépendantes de l'étendue.

CE qu'on appelle forme en général, consiste dans les divers états, ou les différentes modifications dont la matiere est susceptible. Ces modifications reçoivent l'être, ou leur existence, de la matiere même, comme l'empreinte d'un cachet la reçoit de la cire qu'elle modifie. Elles constituent tous les differents états de cette substance : c'est par elles qu'elle prend toutes les diverses formes des corps, & qu'elle constitue ces corps même.

Nous n'examinerons pas ici quelle peut être la nature de ce principe, considérée séparément de son étendue & de toute autre forme. Il suffit d'avouer qu'elle est inconnue : ainsi il est inutile de rechercher si la matiere peut exister dépouillée de toutes ces formes, sans lesquelles nous ne pouvons la concevoir. Ceux qui aiment les disputes frivoles, peuvent, sur les pas des scholastiques, poursuivre toutes les questions qu'on peut faire à ce sujet ; nous n'enseignerons que ce qu'il faut précisément savoir de la doctrine de ces formes.

Il y en a deux sortes ; les unes actives, les autres

passives. Je ne traite dans ce chapitre que des dernieres. Elles sont au nombre de quatre ; savoir la grandeur, la figure, le repos & la situation. Ces formes sont des états simples, des dépendances passives de la matiere, des modes qui ne peuvent jamais l'abandonner, ni en détruire la simplicité.

Les anciens pensoient, non sans raison, que ces formes méchaniques passives de la matiere n'avoient pas d'autre source que l'étendue, persuadés qu'ils étoient que la matiere contient *potentiellement* toutes ces formes en soi, par cela seul que ce qui est étendu, qu'un être doué des dimensions dont on a parlé, peut évidemment recevoir telle ou telle grandeur, figure, situation, &c.

Voilà donc les formes méchaniques passives contenues en puissance dans l'étendue, dépendantes absolument des trois dimensions de la matiere, & de leur diverse combinaison ; & c'est en ce sens qu'on peut dire que la matiere, considérée simplement dans son étendue, qui la rend susceptible d'une infinité de formes, ne lui permet pas d'en recevoir aucune, sans sa propre force motrice ; car c'est la matiere déjà revêtue des formes, au moyen desquelles elle a reçu la puissance motrice, ou le mouvement actuel, qui se procure elle-même successivement toutes les différentes formes, comme parle Ariſtote, elle ne l'eſt que par ſon mariage, ou par ſon union avec la force motrice même.

Cela poſé: ſi la matiere eſt quelquefois forcée de prendre une certaine forme, & non telle autre, cela ne peut venir de ſa nature trop *inerte*, ou de ſes formes méchaniques paſſives dépendantes de l'étendue, mais d'une nouvelle forme, qui mérite ici le premier rang, parce qu'elle joue le plus grand rôle dans la nature; c'eſt la forme active, ou la puiſſance motrice; la forme, je le répete, par laquelle la matiere produit celles qu'elle reçoit.

Mais avant que de faire mention de ce principe moteur, qu'il me ſoit permis d'obſerver en paſſant que la matiere, conſidérée ſeulement comme un être paſſif, ne paroît mériter que le ſimple nom de matiere, auquel elle étoit autrefois reſtreinte; que la matiere, étant qu'abſolument inſéparable de l'étendue, de l'impénétrabilité, de la diviſibilité, & des autres formes méchaniques paſſives, n'étoit pas réputée par les anciens la même choſe que ce que nous appelons aujourd'hui du nom de ſubſtance, & qu'enfin loin de confondre ces deux termes, comme font les modernes, ils prenoient la matiere, ſimplement comme un attribut ou une partie de cette ſubſtance, conſtituée telle, ou élevée à la dignité de corps par la puiſſance motrice dont je vais parler.

CHAPITRE V.

De la puissance motrice de la matiere.

Les anciens, persuadés qu'il n'y avoit aucun corps sans une source motrice, regardoient la substance des corps comme un composé de deux attributs primitifs ; par l'un, cette substance avoit la puissance de se mouvoir, & par l'autre, celle d'être mue. En effet, dans tout corps qui se meut, il n'est pas possible de ne pas concevoir ces deux attributs, c'est-à-dire, la chose qui se meut, & la même chose qui est mue.

On vient de dire qu'on donnoit autrefois le nom de matiere à la substance des corps, en tant que susceptible de mouvement : cette même matiere devenue capable de se mouvoir, étoit envisagée sous le nom de principe actif, donné alors à la même substance. Mais ces deux attributs paroissent si essentiellement dépendants l'un de l'autre, que Cicéron, (1) pour mieux exprimer cette union essentielle & primitive de la matiere & de son principe moteur, dit que l'un & l'autre se trouve

---

(1) In utroque tandem utrumque. *Academ. quest. lib. I.*

l'un dans l'autre ; ce qui rend fort bien l'idée des anciens.

D'où l'on comprend que les modernes ne nous ont donné qu'une idée peu exacte de la matiere, lorsqu'ils ont voulu, par une confusion mal entendue, donner ce nom à la substance des corps ; puisqu'encore une fois la matiere, ou le principe passif de la substance des corps, ne fait qu'une partie de cette substance. Ainsi il n'est pas surprenant qu'ils n'y aient pas découvert la force motrice & la faculté de sentir.

On doit voir à présent, ce me semble, du premier coup-d'œil, que s'il est un principe actif, il doit avoir dans l'essence inconnue de la matiere une autre source que l'étendue ; ce qui confirme que la simple étendue ne donne pas une idée complette de toute l'essence, ou forme métaphysique de la substance des corps, par cela seul qu'elle exclut l'idée de toute activité dans la matiere. C'est pourquoi, si nous démontrons ce principe moteur, si nous faisons voir que la matiere, loin d'être aussi indifférente qu'on le croit communément, au mouvement & au repos, doit être regardée comme une substance active, aussi bien que passive, quelle ressource auront ceux qui ont fait consister son essence dans l'étendue ?

Les deux principes dont on vient de parler, l'étendue & sa force motrice, ne sont que des puissances de la substance des corps ; car de même que cette substance est susceptible de mouvement, sans en avoir effectivement, elle a aussi toujours, lors même qu'elle ne se meut pas, la faculté de se mouvoir.

Les anciens ont véritablement remarqué que cette force motrice n'agissoit dans la substance des corps, que lorsque cette substance étoit revêtue de certaines formes : ils ont aussi observé que les divers mouvements qu'elle produit, sont tous assujettis ou réglés par ces différentes formes. C'est pourquoi les formes, au moyen desquelles la substance des corps pouvoit non-seulement se mouvoir, mais se mouvoir diversement, ont été nommées *formes matérielles*.

Il suffisoit à ces premiers maîtres de jeter les yeux sur tous les phénomenes de la nature, pour découvrir dans la substance des corps la force de se mouvoir elle-même, ou lorsqu'elle est en mouvement, c'est une autre substance qui le lui communique. Mais voit-on dans cette substance autre chose qu'elle-même en action ; & quelquefois elle paroît recevoir un mouvement qu'elle n'a pas, le reçoit-elle de quelqu'autre cause que ce même genre de substance dont les parties agissent les unes sur les autres ?

Si donc on suppose un autre agent, je demande quel il est, & qu'on me donne des preuves de son existence; mais puisqu'on n'en a pas la moindre idée, ce n'est pas même un *être de raison*.

Après cela, il est clair que les anciens ont dû facilement reconnoître une force intrinsèque de mouvement au-dedans de la substance des corps; puisqu'enfin on ne peut, ni prouver, ni concevoir aucune autre substance qui agisse sur elle.

Mais ces mêmes auteurs ont en même-temps avoué, ou plutôt prouvé, qu'il étoit impossible de comprendre comment ce mystere de la nature peut s'opérer, parce qu'on ne connoît point l'essence des corps. Ne connoissant pas l'agent, quel moyen en effet de pouvoir connoître sa maniere d'agir? Et la difficulté ne demeureroit-elle pas la même, en admettant une autre substance, principalement un être dont on n'auroit aucune idée, & dont on ne pourroit pas même raisonnablement reconnoître l'existence.

Ce n'est pas aussi sans fondement qu'ils ont pensé que la substance des corps, envisagée sans aucune forme, n'avoit aucune activité, mais qu'elle étoit *tout en puissance*. (1) Le corps humain, par exemple, privé de la forme propre, pourroit-il exécuter les mouvements qui en dépendent? De même, sans l'ordre & l'arrangement de toutes les parties de l'univers, la matiere qui les compose pourroit-elle

---

(1) *Totum in fieri*.

produire tous les divers phénomenes qui frappent nos sens?

Mais les parties de cette substance qui reçoivent des formes, ne peuvent pas elles-mêmes se les donner ; ce sont toujours d'autres parties de cette même substance déjà revêtue de formes, qui les leur procurent. Ainsi c'est de l'action de ces parties, pressées les unes par les autres, que naissent les formes par lesquelles la forme motrice des corps devient effectivement active.

C'est au froid & au chaud qu'on doit, à mon avis, réduire, comme ont fait les anciens, les formes productives des autres formes ; parce qu'en effet, c'est par ces deux qualités actives générales, que sont vraisemblablement produits tous les corps sublunaires.

Descartes, génie fait pour se frayer de nouvelles routes & s'égarer, a prétendu avec quelques autres philosophes, que dieu étoit la seule cause efficiente du mouvement, & qu'il l'imprimoit à chaque instant dans tous les corps. Mais ce sentiment n'est qu'une hypothese, qu'il a tâché d'ajuster aux lumieres de la foi ; & alors ce n'est plus parler en philosophe, ni à des philosophes, sur-tout à ceux qu'on ne peut convaincre que par la force de l'évidence.

Les scholastiques chrétiens des derniers siecles ont bien senti l'importance de cette simple réfle-

xion : c'eft pourquoi ils fe font fagement bornés aux feules lumieres purement philofophiques fur le mouvement de la matiere, quoiqu'il euffent pu faire voir que dieu même a dit qu'il avoit « em-
» preint d'un principe actif les élémens de la ma-
» tière ». *Genef.* 1. *Ifaye* 66.

On pourroit former ici une longue chaîne d'autorités, & prendre dans les profeffeurs les plus célebres, une fubftance de la doctrine de tous les autres : mais fans un fatras de citations, il eft affez évident que la matiere contient cette force motrice qui l'anime, & qui eft la caufe immédiate de toutes les loix du mouvement.

CHAPITRE VI.

CHAPITRE VI.

De la faculté senfive de la matiere.

Nous avons parlé de deux attributs effentiels de la matiere, defquels dépendent la plupart de fes propriétés, favoir l'étendue & la force motrice. Nous n'avons plus maintenant qu'à prouver un troifieme attribut; je veux dire la faculté de fentir, que les philofophes (1) de tous les fiecles ont reconnue dans cette même fubftance. Je dis tous les philofophes, quoique je n'ignore pas tous les efforts qu'ont vainement faits les Cartéfiens pour l'en dépouiller. Mais pour écarter des difficultés infurmontables, ils fe font jettés dans un labyrynthe dont ils ont cru fortir par cet abfurde fyftême, » que les bêtes font de pures machines ».

Une opinion fi rifible n'a jamais eu d'accès chez les philofophes que comme un badinage d'efprit, ou un amufement philofophique. C'eft pourquoi nous ne nous arrêterons pas à la refuter. L'expé-

---

(1) Voyez la thefe que M. Leibnitz fit foutenir à ce fujet au prince Eugène, & *l'Origine ancienne de la phyfique moderne*, par le P. Regnault.

Tom. I. F

rience ne nous prouve pas moins la faculté de sentir dans les bêtes, que dans les hommes : or moi qui suis fort assuré que je sens, je n'ai d'autre preuve du sentiment des autres hommes que par les signes qu'ils m'en donnent. Le langage de convention, je veux dire, la parole, n'est pas le signe qui l'exprime le mieux : il y en a un autre commun aux hommes & aux animaux, qui le manifeste avec plus de certitude ; je parle du langage affectif, tel que les plaintes, les cris, les caresses, la fuite, les soupirs, le chant, & en un mot toutes les expressions de la douleur, de la tristesse, de l'aversion, de la crainte, de l'audace, de la soumission, de la colere, du plaisir, de la joie, de la tendresse, &c. Un langage aussi énergique a bien plus de force pour nous convaincre, que tous les sophismes de Descartes pour nous persuader.

Peut-être les Cartésiens, ne pouvant se refuser à leur propre sentiment intérieur, se croient-ils mieux fondés à reconnoître la même faculté de sentir dans tous les hommes, que dans les autres animaux ; parce que ceux-ci n'ont pas à la vérité exactement la figure humaine. Mais ces philosophes s'en tenant ainsi à l'écorce des choses, auroient bien peu examiné la parfaite ressemblance qui frappe les connoisseurs, entre l'homme & la bête : car il n'est ici question que de la similitude des organes des sens, lesquels, à quelques modifications près, font absolument les mêmes, & accusent évidemment les mêmes usages.

Si ce parallele n'a pas été saisi par Descartes, ni par ses sectateurs, il n'a pas échappé aux autres philosophes, & sur-tout à ceux qui se sont curieusement appliqués à *l'anatomie comparée*.

Il se présente une autre difficulté qui intéresse davantage notre amour-propre : c'est l'impossibilité où nous sommes encore de concevoir cette propriété comme une dépendance, ou un attribut de la matiere. Mais qu'on fasse attention que cette substance ne nous laisse appercevoir que des choses ineffables. Comprend-on mieux comment l'étendue découle de son essence ? comment elle peut être mue par une force primitive dont l'action s'exerce sans contact, & mille autres merveilles qui se dérobent tellement aux recherches des yeux les plus clairvoyans, qu'elles ne leur montrent que le rideau qui les cache, suivant l'idée d'un illustre moderne (1).

Mais ne pourroit-on pas supposer, comme ont fait quelques-uns, que le sentiment qui se remarque dans les corps animés, appartiendroit à un être distinct de la matiere de ces corps, à une substance d'une différente nature, & qui se trouveroit unie avec eux ? Les lumieres de la raison

---

(1) *LEIBNITZ.*

nous permettent-elles de bonne-foi d'admettre de telles conjectures ? Nous ne connoissons dans les corps que de la matiere, & nous n'observons la faculté de sentir que dans ces corps : sur quel fondement donc établir un être idéal désavoué par toutes nos connoissances ?

Voilà donc encore une nouvelle faculté qui ne résideroit aussi qu'en puissance dans la matiere, ainsi que toutes les autres dont on a fait mention, & telle a été encore la façon de penser des anciens, dont la philosophie pleine de vues & de pénétration, méritoit d'être élevée sur les débris de celle des modernes. Ces derniers ont beau dédaigner des sources trop éloignées d'eux : l'ancienne philosophie (2) prévaudra toujours devant ceux qui sont dignes de la juger; parce qu'elle forme (du moins par rapport au sujet que je traite) un systéme solide, bien lié, & comme un corps qui manque à tous ces membres épars de la physique moderne.

---

(1) *Métaphysique.*

DE L'AME.

CHAPITRE VII.

Des formes substantielles.

Nous avons vu que la matiere est mobile, qu'elle a la puissance de se mouvoir par elle-même, qu'elle est susceptible de sensation & de sentiment; mais il ne paroît pas, du moins si l'on s'en rapporte à l'expérience, ce grand maître des philosophes, que ces propriétés puissent être mises en exercice, avant que cette substance soit, pour ainsi dire, habillée de quelques formes qui lui donnent la faculté de se mouvoir & de sentir. C'est pourquoi les anciens regardoient ces formes, comme faisant partie de la réalité des corps ; & de-là vient qu'ils les ont nommées *formes substantielles*. (1) En effet, la matiere considérée par abstraction, ou séparément de toute forme, est un être incomplet, suivant le langage des écoles, un être qui n'existe point dans cet état, & sur lequel du moins le sens, ni la raison, n'ont aucune prise. Ce sont donc véritablement les formes qui le rendent sensible, & pour ainsi dire, le réalisent.

---

(1) *GOUD.* T. II. P. 34. 98.

Ainsi, quoique, rigoureusement parlant, elles ne soient point des substances, mais de simples modifications, on a été fondé à leur donner le nom de formes substantielles, parce qu'elles perfectionnent la substance des corps, & en font en quelque sorte partie.

D'ailleurs pourvu que les idées soient clairement exposées, nous dédaignons de réformer des mots consacrés par l'usage, & qui ne peuvent induire en erreur lorsqu'ils sont définis, & bien entendus.

Les anciens n'avoient donné le nom de formes substantielles qu'aux modifications qui constituent essentiellement les corps, & qui leur donnent à chacun ces caracteres décisifs qui les distinguent l'un de l'autre. Ils nommoient seulement formes *accidentelles*, les modifications qui viennent par accident, & dont la destruction n'entraîne pas nécessairement celle des formes qui constituent la nature des corps; comme le mouvement local du corps humain, qui peut cesser, sans altérer l'intégrité de son organisation.

Les formes substantielles ont été divisées en simples & en composées. Les formes simples sont celles qui modifient les parties de la matiere, telle que la grandeur, la figure, le mouvement, le repos & la situation; & ces parties de la matiere revêtues de ces formes, sont ce qu'on appelle *corps simples* ou *élémens*. Les formes composées consistent dans l'affemblage des corps fimples, unis & arrangés dans l'ordre, & la quantité néceffaire pour conftruire, ou former les différens mixtes.

Les mêmes philofophes de l'antiquité ont auffi en quelque forte diftingué deux fortes de formes fubftantielles dans les corps vivans, favoir celles qui conftituent les parties organiques de ces corps, & celles qui font regardées comme étant leur principe de vie. C'eft à ces dernieres qu'ils ont donné le nom d'ame. Ils en ont fait trois fortes; l'ame végétative qui appartient aux plantes; l'ame fenfitive, commune à l'homme & à la bête: mais parce que celle de l'homme femble avoir un plus vafte empire, des fonctions plus étendues, des vues plus grandes, ils l'ont appelée *ame raifonnable*. Difons un mot de l'ame végétative. Mais auparavant, qu'il me foit permis de répondre à une objection que m'a faite un habile homme: « Vous » n'admettez, dit-il, dans les animaux, pour prin- » cipe de fentiment, aucune fubftance qui foit » différente de la matiere: pourquoi donc traiter » d'abfurde le Cartéfianifme, en ce qu'il fuppofe » que les animaux font de pures machines, & » quelle fi grande différence y a-t-il entre ces deux » opinions »? Je réponds d'un feul mot: Defcartes refufe tout fentiment, toute faculté de fentir à fes machines, ou à la matiere dont il fuppofe que les animaux font uniquement faits: & moi je prouve clairement, si je ne me trompe fort, que s'il est un être qui soit, pour ainsi dire, pétri de sentiment, c'est l'animal; il semble avoir tout reçu en cette monnoie, qui (dans un autre sens) manque à tant d'hommes. Voilà la différence qu'il y a entre le célebre moderne dont je viens parler, & l'auteur de cet ouvrage.

CHAPITRE VIII.

De l'ame végétative.

Nous avons dit qu'il falloit rappeler au froid & au chaud les formes productives de toutes les formes des corps. Il a paru un excellent commentaire de cette doctrine des anciens, par M. Quesnay. Cet habile homme la démontre par toutes les recherches & toutes les expériences de la physique moderne, ingénieusement rassemblées dans un *Traité du feu*, où *l'éther* subtilement rallumé, joue le premier rôle dans la formation des corps. M. Lamy, médecin, n'a pas cru devoir ainsi borner l'empire de l'éther; il explique la formation des ames de tous les corps par cette même cause. L'éther est un esprit infiniment subtil ; une matiere très déliée & toujours en mouvement, connue sous le nom de feu pur & céleste, parce que les anciens en avoient mis la source dans le soleil, d'où suivant eux, il est lancé dans tous les corps plus ou moins, selon leur nature & leur consistance ; & « quoique de soi-même il ne brûle » pas, par les différens mouvemens qu'il donne » aux particules des autres corps où il est ren- » fermé, il brûle & fait ressentir la chaleur. Tou-

» tes les parties du monde ont quelque portion
» de ce feu élémentaire, que plusieurs anciens
» regardent comme l'ame du monde. Le feu vi-
» sible a beaucoup de cet esprit, l'air aussi, l'eau
» beaucoup moins, la terre très-peu. Entre les
» mixtes, les minéraux en ont le moins, les plan-
» tes plus, & les animaux beaucoup davantage.
» Ce feu, ou cet esprit, est leur ame, qui s'aug-
» mente avec le corps par le moyen des alimens
» qui en contiennent, & dont il se sépare avec
» le chile, & devient enfin capable de sentiment,
» grace à un certain mélange d'humeurs, & à
» cette structure particuliere d'organes qui for-
» ment les corps animés : car les animaux, les
» minéraux, les plantes même, & les os qui
» font la base de nos corps, n'ont pas de sen-
» timent, quoiqu'ils ayent chacun quelque por-
» tion de cet éther, parce qu'ils n'ont pas la
» même organisation ».

Les anciens entendoient par l'ame végétative, la cause qui dirige toutes les opérations de la génération, de la nutrition & de l'accroissement de tous les corps vivans.

Les modernes, peu attentifs à l'idée que ces premiers maîtres avoient de cette espece d'ame, l'ont confondue avec l'organisation même des végétaux & des animaux, tandis qu'elle est la cause qui conduit & dirige cette organisation.

On ne peut en effet concevoir la formation des corps vivans, sans aucune cause qui y préside, sans un principe qui regle & amene tout à une fin déterminée ; soit que ce principe consiste dans les loix générales par lesquelles (1) s'opere tout le méchanisme des actions de ces corps ; soit qu'il soit borné à des loix particulieres originairement résidentes ou incluses dans le germe de ces corps même, & par lesquelles s'exécutent toutes ses fonctions pendant leur accroissement & leur durée.

Les philosophes dont je parle, ne sortoient pas des propriétés de la matiere pour établir ces principes. Cette substance à laquelle ils attribuent la faculté de se mouvoir elle-même, avoit aussi le pouvoir de se diriger dans ses mouvemens ; l'un ne pouvant subsister sans l'autre ; puisqu'on conçoit clairement que la même puissance doit être également, & le principe de ses mouvemens, & le principe de cette détermination, qui sont deux choses absolument individuelles & inséparables. C'est pourquoi ils regardoient l'ame végétative, comme une forme substantielle purement matérielle, malgré l'espece d'intelligence dont ils imaginoient qu'elle n'étoit pas dépourvue.

---

(1) BOERH. Elem. Chem. p. 35, 36. *Abrégé de sa théorie chymique.* p. 6, 7.

CHAPITRE IX.

De l'ame sensitive des animaux.

Le principe matériel, ou la forme substantielle, qui dans les animaux sent, discerne & connoît, a été généralement nommée par les anciens, *ame sensitive*. Ce principe doit être soigneusement distingué du corps organique même des animaux, & des opérations de ces corps, qu'ils ont attribuées à l'ame végétative, comme on vient de le remarquer. Ce sont cependant les organes même de ces corps animés, qui occasionnent à cet être sensitif les sensations dont il est affecté.

On a donné le nom de sens, aux organes particulierement destinés à faire naître ces sensations dans l'ame. Les médecins les divisent en sens externes & en sens internes : mais il ne s'agit ici que des premiers, qui sont, comme tout le monde sait, au nombre de cinq ; la vue, l'ouie, l'odorat, le goût & le tact, dont l'empire s'étend sur un grand nombre de sensations, qui toutes sont des sortes de toucher.

Ces organes agissent par l'entremise des nerfs, & d'une matiere qui coule au-dedans de leur imperceptible cavité, & qui est d'une si grande subtilité, qu'on lui a donné le nom d'esprit animal, si bien démontré ailleurs par une foule d'expériences & de solides raisonnemens, que je ne perdrai point de temps à en prouver ici l'existence.

Lorsque les organes des sens sont frappés par quelque objet, les nerfs qui entrent dans la structure de ces organes sont ébranlés, le mouvement des esprits modifié se transmet au cerveau jusqu'au *sensorium commune*, c'est-à-dire, jusqu'à l'endroit même, où l'ame sensitive reçoit les sensations à la faveur de ce reflux d'esprits, qui par leur mouvement agissent sur elle.

Si l'empression d'un corps sur un nerf sensitif est forte & profonde, & si elle le tend, le déchire, le brûle ou le rompt, il en résulte pour l'ame une sensation qui n'est plus simple, mais douloureuse : & réciproquement, si l'organe est trop foiblement affecté, il ne se fait aucune sensation. Donc pour que les sens fassent leurs fonctions, il faut que les objets impriment un mouvement proportionné à la nature foible ou forte de l'organe sensitif.

Il ne se fait donc aucune sensation, sans quelque changement dans l'organe qui lui est destiné, ou plutôt dans la seule surface du nerf de cet organe. Ce changement peut-il se faire par *l'in-*

tromiſſion du corps qui se fait sentir? Non; les enveloppes dures des nerfs rendent la chose evidemment impossible. Il n'est produit que par les diverses propriétés des corps sensibles, & de-là naissent les différentes sensations.

Beaucoup d'experiences nous ont fait connoître que c'est effectivement dans le cerveau, que l'ame est affectée des sensations propres à l'animal: car lorsque cette partie est considérablement blessée, l'animal n'a plus ni sentiment, ni discernement, ni connoissance : toutes les parties qui sont au-dessus des plaies & des ligatures, conservent entr'elles & le cerveau le mouvement & le sentiment, toujours perdu au-dessous, entre la ligature & l'extrémité. La section, la corruption des nerfs & du cerveau, la compression même de cette partie, &c. ont appris à Galien la même vérité. Ce savant a donc parfaitement connu le siege de l'ame, & la nécessité absolue des nerfs pour les sensations, il a su 1º. que l'ame sent, & n'est réellement affectée que dans le cerveau, des sentimens propres à l'animal; 2º. qu'elle n'a de sentiment & de connoissance, qu'autant qu'elle reçoit l'impression actuelle des esprits animaux.

Nous ne rapporterons point ici les opinions d'Aristote, de Chrysippe, de Platon, de Descartes, de Vieussens, de Roffet, de Willis, de Lancisi, &c. Il en faudroit toujours revenir à Galien, comme à la vérité même. Hypocrate paroît aussi n'avoir pas ignoré où l'ame fait sa résidence.

Cependant la plupart des anciens philosophes, ayant à leur tete les Stoïciens, & parmi les modernes, Perrault, Stuart & Tabor, ont pensé que l'ame sentoit dans toutes les parties du corps, parce qu'elles ont toutes des nerfs. Mais nous n'avons aucune preuve d'une sensibilité aussi universellement répandue. L'expérience nous a même appris que lorsque quelque partie du corps est retranchée, l'ame a des sensations, que cette partie qui n'est plus, semble encore lui donner. L'ame ne sent donc pas dans le lieu même où elle croit sentir. Son erreur consiste dans la maniere dont elle sent, & qui lui fait rapporter son propre sentiment aux organes qui le lui occasionnent, & l'avertissent en quelque sorte de l'impression qu'ils reçoivent eux-mêmes des causes extérieures. Cependant nous ne pouvons pas assurer que la substance de ces organes ne soit pas elle-même susceptible de sentiment, & qu'elle n'en ait pas effectivement. Mais ces modifications ne pourroient être connues qu'à cette substance même, & non au tout, c'est-à-dire, à l'animal auquel elles ne sont pas propres, & ne servent point.

Comme les doutes qu'on peut avoir à ce sujet, ne sont fondés que sur des conjectures, nous ne nous arrêterons qu'à ce que l'expérience, qui seule doit nous guider, nous apprend fur les fenfations que l'ame reçoit dans les corps animés.

Beaucoup d'auteurs mettent le fiege de l'ame prefque dans un feul point du cerveau, & dans un feul point du corps calleux, d'où comme de fon trône elle régit toutes les parties du corps.

L'etre fenfitif ainfi cantonné, refferré dans des bornes auffi étroites, ils le diftinguent 1°. de tous les corps animés, dont les divers organes concourent feulement à lui fournir fes fenfations: 2°. des efprits même qui le touchent, le remuent, le pénetrent par la diverfe force de leur choc, & le font fi diverfement fentir.

Pour rendre leur idée plus fenfible, ils comparent l'ame au timbre d'une montre, parce qu'en effet l'ame eft en quelque forte dans le corps, ce qu'eft le timbre dans la montre. Tout le corps de cette machine, les refforts, les roues ne font que des inftrumens, qui par leurs mouvemens, concourent tous enfemble à la régularité de l'action du marteau fur le timbre, qui attend, pour ainfi dire, cette action, & ne fait que la recevoir: car lorfque le marteau ne frappe pas le timbre, il eft comme ifolé de tout le corps de la montre, & ne participe en rien à tous ces mouvemens.

Telle eft l'ame pendant un fommeil profond. Privée de toutes fenfations, fans nulle connoiffance de tout ce qui fe paffe au dehors & au dedans

dans du corps qu'elle habite, elle semble attendre le réveil, pour recevoir en quelque sorte le coup de marteau donné par les esprits sur son timbre. Ce n'est en effet que pendant la veille qu'elle est affectée par diverses sensations, qui lui font connoître la nature des impressions que les corps externes communiquent aux organes.

Que l'ame n'occupe qu'un point du cerveau, ou qu'elle ait un siege plus étendu, peu importe à notre systême. Il est certain qu'à en juger par la chaleur, l'humanité, l'âpreté, la douleur, &c, que tous les nerfs sentent également, on croiroit qu'ils devroient tous être intimement réunis pour former cette espece de rendez-vous de toutes les sensations. Cependant on verra que les nerfs ne se rassemblent en aucun lieu du cerveau, ni du cervelet, ni de la moelle de l'épine.

Quoiqu'il en soit, les principes que nous avons posés, une fois bien établis, on doit voir que toutes les connoissances, même celles qui sont les plus habituelles, ou les plus familieres à l'ame, ne résident en elle, qu'au moment même qu'elle en est affectée. *L'habituel* de ces connoissances ne consiste que dans les modifications permanentes du mouvement des esprits, qui les lui présentent, ou plutôt qui les lui procurent très-fréquemment. D'où il suit que c'est dans la fréquente répétition des mêmes mouvemens que consistent la mémoire, l'ima-

G

gination, les inclinations, les passions, & toutes les autres facultés qui mettent de l'ordre dans les idées, qui le maintiennent & rendent les sensations plus ou moins fortes & étendues : & de-là viennent encore la pénétration, la conception, la justesse & la liaison des connoissances; & cela, selon le dégré d'excellence, ou la perfection des organes des différens animaux.

CHAPITRE X.

Des facultés du corps qui se rapportent à l'ame sensitive.

LES philosophes ont rapporté à l'ame sensitive toutes les facultés qui servent à lui exciter des sensations. Cependant il faut bien distinguer ces facultés, qui sont purement mécaniques, de celles qui appartiennent véritablement à l'être sensitif. C'est pourquoi nous allons les réduire à deux classes.

Les facultés du corps, qui fournissent des sensations, sont celles qui dépendent des organes des sens, & uniquement du mouvement des esprits contenus dans les nerfs de ces organes, & des modifications de ces mouvemens. Tels sont la diversité des mouvemens des esprits excités dans les nerfs des différens organes, & qui font naître les diverses sensations dépendantes de chacun d'eux dans l'instant même qu'ils sont frappés ou affectés par des objets extérieurs. Nous rapporterons encore ici les modifications habituelles de ces mêmes mouvemens, qui rappellent nécessairement les mêmes sensations, que l'ame avoit déjà reçues par l'impression des objets sur les sens. Ces modifications, tant de fois répétées, forment la mémoire, l'imagination, les paffions.

Mais il y en a d'autres également ordinaires & habituelles, qui ne viennent pas de la même fource : elles dépendent originairement des diverfes difpofitions organiques des corps animés, lefquelles forment les inclinations, les appétits, la pénétration, l'inftinct & la conception.

La feconde claffe renferme les facultés qui appartiennent en propre à l'être fenfitif ; comme les fenfations, les perceptions, le difcernement, les connoiffances, &c.

§. I.

Des fens.

La diverfité des fenfations varie felon la nature des organes qui les tranfmettent à l'ame, l'ouie porte à l'ame la fenfation du bruit ou du fon, la vue lui imprime les fentimens de lumiere & de couleurs, qui lui repréfentent l'image des objets qui s'offrent aux yeux. L'ame reçoit de l'odorat toutes les fenfations connues fous le nom d'odeurs, les faveurs lui viennent à la faveur du goût : le toucher enfin, ce fens univerfellement répandu par toute l'habitude du corps, lui fait naître les fenfations de toutes les qualités appelées *tactiles*, telles que la chaleur, la froideur, la dureté, la mollesse, le poli, l'âpre, la douleur & le plaisir, qui dépendent des divers organes du tact, parmi lesquels nous comptons les parties de la génération, dont le sentiment vif pénetre & transporte l'ame dans les plus doux & les plus heureux momens de notre existence.

Puisque le nerf optique & le nerf acoustique sont seuls, l'un voit les couleurs, l'autre entend les sons, puisque les seuls nerfs moteurs portent à l'ame l'idée des mouvemens, qu'on n'apperçoit les odeurs qu'à la faveur de l'odorat, &c. il s'ensuit que chaque nerf est propre à faire naître différentes sensations, & qu'ainsi le *sensorium commune* a, pour ainsi dire, divers territoires, dont chacun a son nerf, reçoit & loge les idées apportées par ce tuyau. Cependant il ne faut pas mettre dans les nerfs même la cause de la diversité des sensations ; car l'expansion du nerf auditif ressemble à la rétine, cependant il en résulte des sensations bien opposées. Cette variété paroît clairement dépendre de celle des organes placés avant les nerfs, desorte qu'un organe dioptrique, par exemple, doit naturellement servir à la vision.

Non-seulement les divers sens excitent différentes sensations, mais chacun d'eux varie encore à l'infini celles qu'il porte à l'ame, selon les différentes manieres dont ils sont affectés par les corps externes. C'est pourquoi la sensation du bruit peut être modifiée par une multitude de tons différens, & peut faire appercevoir à l'ame l'éloignement & le lieu de la cause qui produit cette sensation. Les yeux peuvent de même en modifiant la lumiere, donner des sensations plus ou moins vives de la lumiere & des couleurs, & former par ces différentes modifications, les idées étendues, de figure, d'éloignement, &c. Tout ce qu'on vient de dire est exactement vrai des autres sens.

§. II.

Mécanisme des sensations.

Tâchons, à la faveur de l'œil, de pénétrer dans le plus subtil mécanisme des sensations. Comme l'œil est le seul de tous les organes sensitifs, où se peigne & se représente visiblement l'action des objets extérieurs, il peut seul nous aider à concevoir quelle sorte de changement ces objets font éprouver aux nerfs qui en sont frappés. Prenez un œil de bœuf, dépouillez-le adroitement de la sclérotique & de la choroïde; mettez, où étoit la première de ces membranes, un papier dont la concavité s'ajuste parfaitement avec la convexité de l'œil. Présentez ensuite quelque corps que ce soit devant le trou de la pupille, vous verrez très-diftinctement au fond de l'œil l'image de ce corps. D'où j'infere en paffant, que la vifion n'a pas fon fiege dans la choroïde, mais dans la rétine.

En quoi confifte la peinture des objets ? Dans un retracement proportionellement diminutif des rayons lumineux qui partent de ces objets. Ce retracement forme une impreffion de la plus grande délicateffe, comme il eft facile d'en juger par tous les rayons de la pleine lune, qui, concentrés dans le foyer d'un miroir ardent & réfléchis fur le plus fenfible thermometre, ne font aucunement monter la liqueur de cet inftrument. Si l'on confidere de plus qu'il y a autant de fibres dans cette expanfion du nerf optique, que de points dans l'image de l'objet, que ces fibres font infiniment tendres & molles, & ne forment guere qu'une vraie pulpe, ou moëlle nerveufe, on concevra non-feulement que chaque fibrille ne fe trouvera chargée que d'une petite portion des rayons; mais qu'à caufe de fon extrême délicateffe, elle n'en recevra qu'un changement fimple, léger, foible, ou fort fuperficiel; & en conféquence de cela, les efprits animaux à peine excités, reflueront avec la plus grande lenteur : à mefure qu'ils retourneront vers l'origine du nerf optique, leur mouvement fe ralentira de plus en plus, & par conféquent l'impreffion de cette peinture ne pourra s'étendre, fe propager le long de la corde optique, fans s'affoiblir. Que pensez-vous à préfent de cette impreſſion portée jusqu'à l'âme même ? N'en doit-elle pas recevoir un effet ſi doux, qu'elle le ſente à peine ?

De nouvelles expériences viennent encore à l'appui de cette théorie. Mettez l'oreille à l'extrêmité d'un arbre droit & long, tandis qu'on gratte doucement avec l'ongle à l'autre bout, une ſi foible cauſe doit produire ſi peu de bruit, qu'il ſembleroit devoir s'étouffer ou ſe perdre dans toute la longueur du bois. Il ſe perd en effet pour tous les autres, vous ſeul entendez un bruit ſourd, preſque imperceptible. La même choſe ſe paſſe en petit dans le nerf optique, parce qu'il eſt infiniment moins ſolide. L'impreſſion une fois reçue par l'extrémité d'un canal cylindrique, plein d'un fluide non élaſtique, doit néceſſairement ſe porter juſqu'à l'autre extrémité, comme dans ce bois dont je viens de parler, & dans l'expérience ſi connue des billes de billard ; or les nerfs ſont des tuyaux cylindriques, du moins chaque fibre ſenſible nerveuſe montre clairement aux yeux cette figure.

Mais de petits cylindres d'un diametre auſſi étroit ne peuvent vraiſemblablement contenir qu'un ſeul globule à la file, qu'une ſuite ou rang d'eſprits animaux. Cela s'enſuit de l'extrême facilité qu'ont ces fluides à se mouvoir au moindre choc, ou de la régularité de leurs mouvemens, de la précision, de la fidélité des traces, ou des idées qui en résultent dans le cerveau: tous effets qui prouvent que le suc nerveux est composé d'élémens globuleux, qui nagent, peut-être, dans une matiere éthérée, & qui seroient inexplicables, en supposant dans les nerfs, comme dans les autres vaisseaux, diverses especes de globules, dont le tourbillon changeroit l'homme le plus attentif, le plus prudent, en ce qu'on nomme un franc étourdi.

Que le fluide nerveux ait du ressort, ou qu'il n'en ait pas, de quelque figure que soient les élémens, si l'on veut expliquer les phénomenes des sensations, il faut donc admettre 1°. l'existence & la circulation des esprits; 2°. ces mêmes esprits qui mis en mouvement par l'action des corps externes, rétrogradent jusqu'à l'ame; 3°. un seul rang de globules sphériques, dans chaque fibre cylindrique, pour courir au moindre tact, pour galopper au moindre signal de la volonté. Cela posé, avec qu'elle vîtesse le premier gobule poussé doit-il pousser le dernier, & le jetter, pour ainsi dire, sur l'ame, qui se réveille à ce coup de marteau, & reçoit des idées plus ou moins vives, relativement au mouvement qui lui a été imprimé. Ceci amene naturellement les loix des fenfations : les voici.

§ III.

Loix des fenfations.

I. Loi. Plus un objet agit diftinctement fur le *fenforium*, plus l'idée qui en réfulte, eft nette & diftincte.

II. Loi. Plus il agit vivement fur la même partie matérielle du cerveau, plus l'idée eft claire.

III. Loi. La même clarté réfulte de l'impreffion des objets fouvent renouvellée.

IV. Loi. Plus l'action de l'objet eft vive; plus elle eft différente de toute autre, ou extraordinaire, plus l'idée eft vive & frappante. On ne peut fouvent la chaffer par d'autres idées, comme Spinofa dit l'avoir éprouvé, lorfqu'il vit un de ces grands hommes du Bréfil. C'eft ainfi qu'un blanc & un noir, qui fe voient pour la premiere fois, ne s'oublieront jamais, parce que l'ame regarde long-temps un objet extraordinaire, y penfe & s'en occupe fans ceffe. L'efprit & les yeux paffent légerement fur les chofes qui fe préfentent tous les jours. Une plante nouvelle ne frappe que le botanifte. On voit par-là qu'il eft dangereux de donner aux enfans des idées effrayantes, telle que la peur du diable, du loup, &c.

Ce n'est qu'en réfléchissant sur les notions simples, qu'on saisit les idées compliquées : il faut que les premieres soient toutes représentées clairement à l'ame, & qu'elle les conçoive distinctement l'une après l'autre ; c'est-à-dire, qu'il faut choisir un seul sujet simple, qui agisse tout entier sur le *sensorium*, & ne soit troublé par aucun autre objet; à l'exemple des geometres, qui par habitude ont le talent que la maladie donne aux mélancoliques, de ne pas perdre de vue leur objet. C'est la premiere conclusion qu'on doit tirer de notre premiere loi ; la seconde est, qu'il vaut mieux méditer, que d'étudier tout haut comme les enfans & les écoliers : car on ne retient que des sons, qu'un nouveau torrent d'idées emporte continuellement. Au reste, suivant la troisieme loi, des traces plus souvent marquées sont plus difficiles à effacer, & ceux qui ne sont point en état de méditer, ne peuvent guere apprendre que par le mauvais usage dont j'ai parlé.

Enfin, comme il faut qu'un objet, qu'on veut voir clairement au microscope, soit bien éclairé, tandis que toutes les parties voisines sont dans l'obscurité; de même pour entendre distinctement un bruit qui d'abord paroissoit confus, il suffit d'écouter attentivement : le son trouvant une oreille bien préparée, harmoniquement tendue, frappe le cerveau plus vivement. C'est par les mêmes moyens qu'un raisonnement qui paroissoit fort obscur, est enfin trouvé clair ; cela s'ensuit de la II. Loi.

§. IV.

Que les sensations ne font pas connoitre la nature des corps, & qu'elles changent avec les organes.

Quelque lumineuses que soient nos sensations, elles ne nous éclairent jamais sur la nature de l'objet actif, ni sur celle de l'organe passif. La figure, le mouvement, la masse, la dureté, sont bien des attributs des corps sur lesquels nos sens ont quelque prise. Mais combien d'autres propriétés qui résident dans les derniers élémens des corps, & qui ne sont pas saisies par nos organes, avec lesquels elles n'ont du rapport que d'une façon confuse qui les exprime mal, ou point du tout ? Les couleurs, la chaleur, la douleur, le goût, le tact, &c. varient à tel point, que le même corps paroît tantôt chaud, & tantôt froid à la même personne ; donc l'organe sensitif par conséquent ne retrace point à l'ame le véritable état des corps. Les couleurs ne changent-elles pas aussi, selon les modifications de la lumiere ? Elles ne peuvent donc être regardées comme des propriétés des corps. L'ame juge confusément des goûts, qui ne lui manifestent pas même la figure des sels.

Je dis plus: on ne conçoit pas mieux les premieres qualités des corps. Les idées de grandeur, de dureté, &c. ne sont déterminées que par nos organes. Avec d'autres sens, nous aurions des idées différentes des mêmes attributs, comme avec d'autres idées nous penserions autrement que nous ne pensons de tout ce qu'on appelle ouvrage de génie ou de sentiment. Mais je réserve à parler ailleurs de cette matiere.

Si tous les corps avoient le même mouvement, la même figure, la même densité, quelque différens qu'ils fussent d'ailleurs entr'eux, il suit qu'on croiroit qu'il n'y a qu'un seul corps dans la nature, parce qu'ils affecteroient tous de la même maniere l'organe sensitif.

Nos idées ne viennent donc pas de la connoissance des propriétés des corps, ni de ce en quoi consiste le changement qu'éprouvent nos organes. Elles se forment par ce changement seul. Suivant sa nature, & ses dégrés, il s'éleve dans notre ame des idées qui n'ont aucune liaison avec leurs causes occasionnelles & efficientes, ni sans doute avec la volonté, malgré laquelle elles se font place dans la moëlle du cerveau. La douleur, la chaleur, la couleur rouge, ou blanche, n'ont rien de commun avec le feu, ou la flamme, l'idée de cet élément est si étrangere à ces senfations, qu'un homme sans aucune teinture de physique ne la concevra jamais.

D'ailleurs les senfations changent avec les organes; dans certaines jauniffes, tout paroît jaune. Changez avec le doigt l'axe de la vision, vous multiplierez les objets, vous en varierez à votre gre la situation & les attitudes. Les engelures, &c. font perdre l'usage du tact. Le plus petit embarras dans le canal d'Eustache suffit pour rendre sourd. Les fleurs blanches ôtent tout le sentiment du vagin. Une taye sur la cornée, suivant qu'elle répond plus ou moins au centre de la prunelle, fait voir diversement les objets. La cataracte, la goutte sereine, &c. jettent dans l'aveuglement.

Les senfations ne représentent donc point du tout les chofes, telles qu'elles font en elles-mêmes, puisqu'elles dépendent entierement des parties corporelles qui leur ouvrent le paffage.

Mais pour cela nous trompent-elles? Non certes, quoiqu'on en dife, puifqu'elles nous ont été données plus pour la confervation de notre machine, que pour acquérir des connoiffances. La réflexion de la lumiere produit une couleur jaune dans un œil plein de bile ; l'ame alors doit donc voir jaune. Le fel & le fucre impriment des mouvemens oppofés aux papilles du goût ; on aura donc en conféquence des idées contraires, qui feront trouver l'un falé, & l'autre doux. A dire vrai, les fens ne nous trompent jamais, que lorfque nous jugeons avec trop de précipitation fur les rapports; car autrement ce font des miniftres fidèles ; l'ame peut compter qu'elle fera fûrement avertie par eux des embûches qu'on lui tend, les fens veillent fans ceffe, & font toujours prêts à corriger l'erreur les uns des autres. Mais comme l'ame dépend à fon tour des organes qui la fervent, fi tous les fens font eux-mêmes trompés, le moyen d'empêcher le *fenforium commune* de participer à une erreur auffi générale ?

§. V.

Raifons anatomiques de la diverfité des fenfations.

Quand même tous les nerfs fe reffembleroient, les fenfations n'en feroient pas moins diverfes : mais outre qu'il s'en faut de beaucoup que cela foit vrai, fi ce n'eft les nerfs optiques & acouftiques, c'eft que les nerfs font réellement féparés dans le cerveau. 1°. L'origine de chaque nerf ne doit pas être fort éloignée de l'endroit où le fcapel les démontre, & ne peut plus les suivre, comme il paroit dans les nerfs auditifs & pathétiques. 2°. On voit clairement sans microscope, que les principes nerveux sont assez écartés; (cela se remarque sur-tout dans les nerfs olfactifs, optiques & auditifs, qui sont à une très-grande distance l'un de l'autre) & que les fibres nerveuses ne suivent pas les mêmes directions, comme le prouvent encore les nerfs que je viens de nommer. 3°. L'extrême mollesse de toutes ces fibres fait qu'elles se confondent aisément avec la moëlle: la 4e. & la 8e. paire peuvent ici servir d'exemple. 4°. Telle est la seule impénétrablité des corps, que les premiers filamens de tant de différens nerfs ne peuvent se réunir en un seul point. 5°. La diversité des sensations, telle que la chaleur, la douleur, le bruit, la couleur, l'odeur, qu'on éprouve à la fois; ces deux sentimens distincts à l'occasion du toucher d'un doigt de la main droite, & d'un doigt de la main gauche, à l'occasion même d'un seul petit corps rond, qu'on fait rouler sous un doigt sur lequel le doigt voisin est replié; tout prouve que chaque sens a son petit département particulier dans la moëlle du cerveau, & qu'ainsi le siege de l'ame est composé d'autant de parties, qu'il y a de sensations diverses qui y répondent. Or, qui pourroit les nombrer ? Et que de raisons pour multiplier & modifier le sentiment à l'infini ?

Le

Le tissu des enveloppes des nerfs, qui peut être plus ou moins solide, leur pulpe plus ou moins molle, leur situation plus ou moins lâche, leur diverse construction, à l'une & l'autre extremité, &c.

Il s'ensuit de ce que nous avons dit jusqu'à présent, que chaque nerf differe l'un de l'autre à sa naissance, & en conséquence ne paroit porter à l'ame qu'une sorte de sensations, ou d'idées. En effet, l'histoire physiologique de tous les sens prouve que chaque nerf a un sentiment relatif à sa nature, & plus encore à celle de l'organe au travers duquel se modifient les impressions externes. Si l'organe est dioptrique, il donne l'idée de la lumiere & des couleurs; s'il est acoustique, on entend, comme on l'a déjà dit, &c.

§. VI.

De la petitesse des idées.

Ces impressions des corps extérieurs sont donc la vraie cause physique de toutes nos idées; mais que cette cause est extraordinairement petite! Lorsqu'on regarde le ciel au travers du plus petit trou, tout ce vaste hémisphere se peint au fond de l'œil, son image est beaucoup plus petite que le trou par où elle a passé. Que seroit-ce donc d'une étoile de la 6e. grandeur, ou de la 6e. partie d'un globule sanguin ? L'ame la voit cependant fort clairement avec un bon microscope. Quelle cause infiniment exigue & par conséquent quelle doit être l'exilité de nos sensations & de nos idées ? Et que cette exilité de sensations & d'idées paroit nécessaire par rapport à l'immensité de la mémoire ! Où loger en effet tant de connoissances, sans le peu de place qu'il leur faut, & sans l'étendue de la moëlle du cerveau & des divers lieux qu'elles habitent ?

§. VII.

Différents sieges de l'ame.

Pour fixer, ou marquer avec précision, quels sont ces divers territoires de nos idées, il faut encore recourir à l'anatomie, sans laquelle on ne connoit rien du corps, & avec laquelle seule on peut lever la plupart des voiles qui dérobent l'ame à la curiosité de nos regards & de nos recherches.

Chaque nerf prend son origine de l'endroit;

où finit la derniere artériole de la substance corticale du cerveau; cette origine est donc, où commence visiblement le filament médullaire, qui part de ce fin tuyau qu'on en voit naître & sortir sans microcospe. Tel est réellement le lieu d'où la plupart des nerfs semblent tirer leur origine, où ils se réunissent, & où l'être sensitif paroît refugié. Les sensations & les mouvemens animaux peuvent-ils être raisonnablement placés dans l'artere ? Ce tuyau est privé de sentiment par lui-même, & il n'est changé par aucun effort de la volonté. Les sensations ne sont point aussi dans le nerf au-dessous de sa continuité avec la moëlle : les plaies & autres observations nous le persuadent. Les mouvemens à leur tour n'ont point leur siege au-dessous de la continuité du nerf avec l'artere, puisque tout nerf se meut au gré de la volonté. Voilà donc le *sensorium* bien établi dans la moëlle, & cela jusqu'à l'origine même artérielle de cette substance médullaire. D'où il suit encore une fois que le siege de l'ame a plus d'étendue qu'on ne s'imagine; encore ses limites seroient-elles peut-être trop bornées dans un homme, surtout très-savant, sans l'immense petitesse ou exilité des idées dont nous avons parlé.

§. VIII.

De l'étendue de l'ame.

Si le fiege de l'ame a une certaine étendue, fi elle fent en divers lieux du cerveau, ou, ce qui revient au même, fi elle y a véritablement différents fieges, il faut néceffairement qu'elle ne foit pas elle-même inétendue, comme le prétend Defcartes; car dans fon fyftême, l'ame ne pourroit agir fur le corps, & il feroit auffi impoffible d'expliquer l'union & l'action réciproque des deux fubftances, que cela eft facile à ceux qui penfent qu'il n'eft pas poffible de concevoir aucun être fans étendue. En effet, le corps & l'ame font deux natures entièrement oppofées, felon Defcartes; le corps n'eft capable que de mouvement, l'ame que de connoiffance; donc il eft impoffible que l'ame agiffe fur le corps, ni le corps fur l'ame. Que le corps fe meuve, l'ame, qui n'eft point fujette aux mouvemens, n'en reffentira aucune atteinte. Que l'ame penfe, le corps n'en reffentira rien, puifqu'il n'obéit qu'au mouvement.

N'eft-ce pas dire avec Lucrèce, que l'ame n'étant pas matérielle, ne peut agir fur le corps, ou qu'elle l'eft effectivement, puifqu'elle le touche & le remue de tant de façons ? Ce qui ne peut convenir qu'à un corps (1).

Si petite & si imperceptible qu'on suppose l'étendue de l'ame, malgré les phénomenes qui semblent prouver le contraire, & qui démontreroient plutôt (2) plusieurs ames, qu'une ame sans étendue, il faut toujours qu'elle en ait une, quelle qu'elle soit, puisqu'elle touche immédiatement cette autre étendue énorme du corps, comme on conçoit que le globe du monde seroit touché par toute la surface du plus petit grain de sable qui seroit placé sur son sommet. L'étendue de l'ame forme donc en quelque sorte le corps de cet être sensible & actif; & à cause de l'intimité de sa liaison, qui est telle, qu'on croiroit que les deux substances individuellement attachées & jointes ensemble, elles ne font qu'un seul tout. Aristote (3) dit « qu'il n'y a point d'ame » sans corps, & que l'ame n'est point un corps. »

___

(1) *Tangere nec tangi, nisi corpus, nulla potest res.*

(2) Quelques anciens philosophes les ont admises, pour expliquer les différentes contradictions dans lesquelles l'ame se surprend elle-même, telles que, par exemple, les pleurs d'une femme qui seroit bien fâchée de voir ressusciter son mari, & *vice versâ.*

(1) *De animâ text.* 26, c. 2.

À dire vrai, quoique l'ame agisse sur le corps & se determine sans doute par une activité qui lui est propre, cependant je ne sais si elle est jamais active, avant que d'avoir été passive; car il semble que l'ame, pour agir, ait besoin de recevoir les impressions des esprits modifiés par les facultés corporelles. C'est ce qui a peut-être fait dire à plusieurs, que l'ame dépend tellement du tempérament & de la disposition des organes, qu'elle se perfectionne & s'embellit avec eux.

Vous voyez que pour expliquer l'union de l'ame au corps, il n'est pas besoin de tant se mettre l'esprit à la torture, tel que l'ont fait ces grands génies, Aristote, Platon, Descartes, Mallebranche, Léibnitz, Staal, & qu'il suffit d'aller rondement son droit chemin, & de ne pas regarder derriere ou de côté, lorsque la vérité est devant soi. Mais il y a des gens qui ont tant de préjugés, qu'ils ne se baisseroient seulement pas pour ramasser la vérité; s'ils la rencontroient où ils ne veulent pas qu'elle soit.

Vous concevez enfin qu'après tout ce qui a été dit sur la diverse origine des nerfs & les différents sieges de l'ame, il se peut bien faire qu'il y ait quelque chose de vrai dans toutes les opinions des auteurs à ce sujet, quelque opposées qu'elles paroissent: & puisque les maladies du cerveau, selon l'endroit qu'elles attaquent, suppriment tantôt un sens, tantôt un autre, ceux qui mettent le fiege de l'ame dans les *nates*, ou les *teftes*, ont-ils plus de tort que ceux qui voudroient la cantonner dans le *centre ovale*, dans le *corps calleux*, ou même dans la *glande pinéale*? Nous pourrons donc appliquer à toute la moëlle du cerveau, ce que Virgile dit (1) de tout le corps, où il prétend avec les Stoïciens que l'ame eft répandue.

En effet, où eft votre ame, lorfque votre odorat lui communique des odeurs qui lui plaifent ou la chagrinent, fi ce n'eft dans ces couches d'où les nerfs olfactifs tirent leur origine? Où eft-elle, lorfqu'elle apperçoit avec plaifir un beau ciel, une belle perfpective, fi elle n'eft dans les couches optiques? Pour entendre, il faut qu'elle foit placée à la naiffance du nerf auditif, &c. Tout prouve donc que ce timbre auquel nous avons comparé l'ame, pour en donner une idée fenfible, fe trouve en plufieurs endroits du cerveau, puifqu'il eft réellement frappé à plufieurs portes. Mais je ne prétends pas dire pour cela qu'il y ait plufieurs ames; une feule fuffit fans doute avec l'étendue de ce fiege médullaire que nous avons été forcés par l'expé-

---

(1) . . . . . Totos diffufa per artus
Mens agitat molem, & magno fe corpore mifcet.

Virgil. Æneid. lib. 6.

rience de lui accorder; elle suffit, dis-je, pour agir, sentir & penser, autant qu'il lui est permis par les organes.

§. IX.

Que l'être sensitif est par conséquent matériel.

Mais quels doutes s'élevent dans mon ame, & que notre entendement est foible & borné! Mon ame montre constamment, non la pensée qui lui est accide telle, quoiqu'en disent les Cartésiens, mais de l'activité & de la sensibilité. Voilà deux propriétés incontestables, reconnues par tous les philosophes qui ne se sont point laissé aveugler par l'esprit systématique, le plus dangereux des esprits. Or, dit-on, toutes propriétés supposent un sujet qui en soit la base, qui existe par lui-même, & auquel appartiennent de droit ces mêmes propriétés. Donc, conclut-on, l'ame est un être séparé du corps, une espece de *monade spirituelle*, une *forme subsistante*, comme parlent les adroits & prudents scholastiques; c'est-à-dire, une substance dont la vie ne dépend pas de celle du corps. On ne peut mieux raisonner sans doute; mais le sujet de ces propriétés, pourquoi voulez-vous que je l'imagine d'une nature absolument distincte du corps, tandis que je vois clairement que c'est l'organifation même de la moëlle aux premiers commencements de fa naiffance (c'eft-à-dire, à la fin du *cortex*) qui exerce fi librement dans l'état fain toutes ces propriétés ? Car c'eft une foule d'obfervations & d'expériences certaines, qui me prouvent ce que j'avance, au lieu que ceux qui difent le contraire peuvent nous étaler beaucoup de métaphyfique, fans nous donner une feule idée. Mais feroient-ce donc des fibres médullaires qui formeroient l'ame ? Et comment concevoir que la matiere puiffe fentir & penfer ? J'avoue que je ne le conçois pas ; mais, outre qu'il eft impie de borner la toute-puiffance du créateur, en foutenant qu'il n'a pu faire penfer la matiere, lui qui d'un mot a fait la lumiere, dois-je dépouiller un être des propriétés qui frappent mes fens, parce que l'effence de cet être m'eft inconnue ? Je ne vois que matiere dans le cerveau ; qu'étendue, comme on l'a prouvé, dans fa partie fenfitive : vivant, fain, bien organifé, ce vifcere contient à l'origine des nerfs un principe actif répandu dans la fubftance médullaire ; je vois ce principe qui fent & penfe, fe déranger, s'endormir, s'éteindre avec le corps. Que dis-je ! l'ame dort la premiere, fon feu s'éteint à mefure que les fibres, dont elle paroit faite, s'affoibliffent & tombent les unes fur les autres. Si tout s'explique par ce que l'anatomie & la phyfiologie me découvrent dans la moëlle, qu'ai-je befoin de forger un être idéal ? Si je confonds l'ame avec les organes corporels, c'est donc que tous les phénomenes m'y déterminent, & que d'ailleurs dieu n'a donné à mon ame aucune idée d'elle-même, mais seulement assez de discernement & de bonne foi pour se reconnoître dans quelque miroir que ce soit, & ne pas rougir d'être née dans la fange. Si elle est vertueuse & ornée de mille belles connoissances, elle est assez noble, assez recommandable.

Nous remettons à exposer les phénomenes dont je viens de parler, lorsque nous ferons voir le peu d'empire de l'ame sur le corps, & combien la volonté lui est asservie. Mais l'ordre des matieres que je traite, exige que la mémoire succede aux sensations, qui m'ont mené beaucoup plus loin que je ne pensois.

§. X.

De la mémoire.

Tout jugement est la comparaison de deux idées que l'ame fait distinguer l'une de l'autre. Mais comme dans le même instant elle ne peut contempler qu'une seule idée ; je n'ai point de mémoire, lorsque je vais comparer la seconde idée, je ne retrouve plus la premiere. Ainsi, (c'est une réparation d'honneur à la mémoire trop en décri) point de mémoire, point de jugement. Ni la parole, ni la connoiffance des chofes, ni le fentiment interne de notre propre exiftence, ne peuvent demeurer certainement en nous fans mémoire. A-t-on oublié qu'on a fu ? Il femble qu'on ne faffe que fortir du néant ; on ne fait point avoir déjà exifté, & que l'on continuera d'être encore quelque temps. *Wepfer* parle d'un malade qui avoit perdu les idées même des chofes, & n'avoit plus d'exactes perceptions : il prenoit le manche pour le dedans de la cuiller. Il en cite un autre qui ne pouvoit jamais finir fa phrafe, parce qu'avant d'avoir fini, il en avoit oublié le commencement ; & il donne l'hiftoire d'un troifieme, qui faute de mémoire ne pouvoit plus épeler, ni lire. La Motte fait mention de quelqu'un qui avoit perdu l'ufage de former des fons & de parler. Dans certaines affections du cerveau, il n'eft pas rare de voir les malades ignorer la faim & la foif; *Bonnet* en cite une foule d'exemples. Enfin un homme qui perdroit toute mémoire, feroit un atôme penfant, fi on peut penfer fans elle ; inconnu à lui-même, il ignoreroit ce qui lui arriveroit, & ne s'en rappelleroit rien.

La caufe de la mémoire eft tout-à-fait méca- nique, comme elle-même ; elle paroît dépendre de ce que les impreffions corporelles du cerveau, qui font les traces d'idées qui fe fuivent, font voifines;

& que l'ame ne peut faire la découverte d'une trace, ou d'une idée, fans rappeler les autres qui avoient coutume d'aller enfemble. Cela eft très-vrai de ce qu'on a appris dans la jeuneffe. Si l'on ne fe fouvient pas d'abord de ce qu'on cherche, un vers, un feul mot le fait retrouver. Ce phénomene démontre que les idées ont des territoires féparés, mais avec quelque ordre. Car pour qu'un nouveau mouvement, par exemple, le commencement d'un vers, un fon qui frappe les oreilles, communique fur-le-champ fon impreffion à la partie du cerveau, qui eft analogue à celle où fe trouve le premier veftige de ce qu'on cherche, c'eft-à-dire, cette autre partie de la moëlle où eft cachée la mémoire, ou la trace des vers fuivants, & y repréfente à l'ame la fuite de la premiere idée, ou des premiers mots, il eft néceffaire que de nouvelles idées foient portées par une loi conftante au même lieu, dans lequel avoient été autrefois gravées d'autres idées de même nature que celles-là. En effet, fi cela fe faifoit autrement, l'arbre au pied duquel on a été volé, ne donneroit pas plus fûrement l'idée d'un voleur, que quelqu'autre objet. Ce qui confirme la même vérité, c'eft que certaines affections du cerveau détruifent tel ou tel fens, fans toucher aux autres. Le chirurgien que j'ai cité, a vu un homme qui perdit le tact d'un coup à la tête. *Hildanus* parle d'un homme qu'une commotion de cerveau rendit aveugle. J'ai vu une dame, qui, guérie d'une apoplexie, fut plus d'un an à recouvrer sa mémoire ; il lui fallut revenir à l'*a*, *b*, *c*, de ses premieres connoissances, qui s'augmentoient & s'élevoient en quelque sorte avec les fibres affaissées du cerveau, qui n'avoient fait, par leur *collabescence*, qu'arrêter & intercepter les idées. Le P. Mabillon étoit fort borné ; une maladie fit éclore en lui beaucoup d'esprit, de pénétration, & d'aptitude pour les sciences. Voilà une de ces heureuses maladies, contre lesquelles bien des gens pourroient troquer leur santé, & ils feroient un marché d'or. Les aveugles ont assez communément beaucoup de mémoire : tous les corps qui les environnent ont perdu les moyens de les distraire ; l'attention, la réflexion leur coûte peu ; de-là on peut envisager long-temps & fixément chaque face d'un objet, la présence des idées est plus stable & moins fugitive. M. de la Motte, de l'académie françoise, dicta tout de suite sa tragédie d'*Inès de Castro*. Quelle étendue de mémoire d'avoir 2000 vers présents, & qui défilent tous avec ordre devant l'ame, au gré de la volonté ! Comment se peut-il faire qu'il n'y ait rien d'embrouillé dans cette espece de chaos ! On a dit bien plus de Pascal ; on raconte qu'il n'avoit jamais oublié ce qu'il avoit appris. On pense au reste, & avec assez de raison, puisque c'est un fait, que ceux qui ont beaucoup de mémoire, ne font pas ordinairement plus fufpects de jugement, que les médecins de religion, parce que la moëlle du cerveau eft fi pleine d'anciennes idées, que les nouvelles ont peine à y trouver une place diftincte : j'entends ces idées *meres*, fi on me permet cette expreffion, qui peuvent juger les autres, en les comparant, & en déduifant avec juftefſe une troifieme idée de la combinaifon des deux premieres. Mais qui eut plus de jugement, d'efprit & de mémoire, que les deux hommes illuftres que je viens de nommer?

Nous pouvons conclure de tout ce qui a été dit au fujet de la mémoire, que c'eft une faculté de l'ame qui confifte dans les modifications permanentes du mouvement des efprits animaux, excités par les impreffions des objets qui ont agi vivement, ou très-fouvent fur les fens : en forte que ces modifications rappelent à l'ame les mêmes fenfations avec les mêmes circonftances de lieu, de temps, &c. qui les ont accompagnées, au moment qu'elle les a reçues par les organes qui fentent.

Lorfqu'on fent qu'on a eu autrefois une idée femblable à celle qui paffe actuellement par la tête, cette fenfation s'appelle donc *mémoire* : & cette même idée, foit que la volonté y confente, foit qu'elle n'y confente pas, fe réveille néceffairement à l'occafion d'une difpofition dans le cerveau, ou d'une cause interne, semblable à celle qui l'avoit fait naître auparavant, ou d'une autre idée qui a quelque affinité avec elle.

§. XI.

De l'imagination.

L'imagination confond les diverses sensations incomplettes que la mémoire rappele à l'ame, & en forme des images, ou des tableaux qui lui représentent des objets différens, soit pour les circonstances, soit pour les accompagnemens, ou pour la variété des combinaisons ; j'entends des objets différens des exactes sensations reçues autrefois par les sens.

Mais pour parler de l'imagination avec plus de clarté, nous la définirons une perception d'une idée produite par des causes internes, & semblables à quelqu'une des idées que les causes externes avoient coutume de faire naître. Ainsi lorsque des causes matérielles, cachées dans quelque partie du corps que ce soit, affectent les nerfs, les esprits, le cerveau, de la même maniere que les causes corporelles externes, & en conséquence excitent les mêmes idées, on a ce qu'on appelle de *l'imagination*. En effet lorsqu'il naît dans le cerveau une disposition physique, parfaitement semblable à celle que produit quelque cause externe, il doit se former la même idée, quoiqu'il n'y ait aucune cause présente au dehors: c'est pourquoi les objets de l'imagination sont appellés fantômes, ou spectres, φαντασματα.

Les sens internes occasionnent donc comme les externes, des changemens de pensées; ils ne different les uns des autres, ni par la façon dont on pense, qui est toujours la même pour tout le monde, ni par le changement qui se fait dans le *sensorium*, mais par la seule absence d'objets externes. Il est peu surprenant que les causes internes puissent imiter les causes exterieures, comme on le voit en se pressant l'œil (ce qui change si singulierement la vision) dans les songes, dans les imaginations vives, dans le délire, &c.

L'imagination dans un homme sain est plus foible que la perception des sensations externes; & à dire vrai, elle ne donne point de vraie perception. J'ai beau imaginer en passant la nuit sur le Pont-neuf, la magnifique perspective des lanternes allumées, je n'en ai la perception que lorsque mes yeux en sont frappés. Lorsque je pense à l'opéra, à la comédie, à l'amour, qu'il s'en faut que j'éprouve les sensations de ceux qu'enchante là le Maure, ou qui pleurent avec Mérope, ou qui sont dans les bras de leurs maîtresses ! Mais
dans

dans ceux qui rêvent, ou qui sont en délire, l'imagination donne de vraies perceptions; ce qui prouve clairement qu'elle ne diffère point dans sa nature même, ni dans ses effets sur le *sensorium*, quoique la multiplicité des idées, & la rapidité avec laquelle elles se suivent, affoiblissent les anciennes idées retenues dans le cerveau, où les nouvelles prennent plus d'empire : & cela est vrai de toutes les impressions nouvelles des corps sur le nôtre.

L'imagination est vraie ou fausse, foible ou forte. L'imagination vraie représente les objets dans un état naturel, au lieu que dans l'imagination fausse, l'ame les voit autrement qu'ils ne sont. Tantôt elle reconnoît cette illusion ; & alors ce n'est qu'un vertige, comme celui de Pascal, qui avoit tellement epuisé par l'étude les esprits de son cerveau, qu'il imaginoit voir du côté gauche un précipice de feu dont il se faisoit toujours garantir par des chaises, ou par toute autre espece de rempart, qui pût l'empêcher de voir ce gouffre phantastique effrayant, que ce grand homme connoissoit bien pour tel. Tantôt l'ame participant à l'erreur générale de tous les sens externes & internes, croit que les objets sont réellement semblables aux phantômes produits dans l'imagination ; & alors c'est un vrai délire.

L'imagination foible est celle qui est aussi légerement affectée par les dispositions des sens internes, que par l'impression des externes ; tandis que ceux qui ont une imagination forte, sont vivement affectés & remués par les moindres causes ; & on peut dire que ceux-là ont été favorisés de la nature, puisque pour travailler avec succès aux ouvrages de génie & de sentiment, il faut une certaine force dans les esprits, qui puisse graver vivement & profondément dans le cerveau les idées que l'imagination a faites, & les passions qu'elle veut peindre. *Corneille* avoit les organes doués sans doute d'une force bien supérieure en ce genre ; son théatre est l'école de la grandeur d'ame, comme le remarque M. *de Voltaire*. Cette force se manifeste encore dans *Lucrece* même, ce grand poëte, quoique le plus souvent sans harmonie. Pour être grand poëte, il faut de grandes passions.

Quand quelque idée se réveille dans le cerveau avec autant de force, que lorsqu'elle y a été gravée pour la premiere fois, & cela par un effet de la mémoire & d'une imagination vive, on croit voir au dehors l'objet connu de cette pensée. Une cause présente, interne, forte, jointe à une mémoire vive, jette les plus sages dans cette erreur, qui est si familiere à ce *délire sans fievre* des mélancoliques. Mais si la volonté se met de la partie, si les sentimens qui en résultent dans l'ame, l'irritent, alors on est, à proprement parler, en fureur.

Les Maniaques occupés toujours du même objet, s'en sont si bien fixé l'idée dans l'esprit, que l'ame s'y fait & y donne son consentement. Plusieurs se ressemblent, en ce que, hors du point de leur folie, ils sont d'un sens droit & sain : & s'ils se laissent séduire par l'objet même de leur erreur, ce n'est qu'en conséquence d'une fausse hypothese, qui les écarte d'autant plus de la raison, qu'ils sont plus conséquents ordinairement. *Michel Montagne* a un chapitre sur l'imagination, qui est fort curieux : il fait voir que le plus sage a un objet de délire, &, comme on dit, sa folie. C'est une chose bien singuliere & bien humiliante pour l'homme, de voir que tel génie sublime, dont les ouvrages font l'admiration de l'Europe, n'a qu'à s'attacher trop long-temps à une idée si extravagante, si indigne de lui qu'elle puisse être, il l'adoptera, jusqu'à ne vouloir jamais s'en départir; plus il verra & touchera, par exemple, sa cuisse & son nez, plus il sera convaincu que l'une est de paille, & l'autre de verre ; & aussi clairement convaincu qu'il l'est du contraire, dès que l'ame a perdu de vue son objet, & que la raison a repris ses droits. C'est ce qu'on voit dans la manie.

Cette maladie de l'esprit dépend de causes corporelles connues; & si on a tant de peine à la guérir, c'est que ces malades ne croient point l'être, & ne veulent point entendre dire qu'ils le font; de forte que si un médecin n'a pas plus d'esprit que de gravité, ou de galénique, ses raisonnemens gauches & mal-adroits les irritent & augmentent leur manie. L'ame n'est livrée qu'à une forte impression dominante, qui seule l'occupe toute entiere, comme dans l'amour le plus violent, qui est une forte de manie. Que sert donc alors de s'opiniâtrer à parler raison à un homme qui n'en a plus ? *Quid vota furentem, quid delubra juvant ?* Tout le fin, tout le mystere de l'art, est de tâcher d'exciter dans le cerveau une idée plus forte, qui abolisse l'idée ridicule qui occupe l'ame : car par-là on rétablit le jugement & la raison, avec l'égale distribution du sang & des esprits.

§. XII.

Des passions.

Les passions sont des modifications habituelles des esprits animaux, lesquelles fournissent presque continuellement à l'ame des sensations agréables ou désagréables, qui lui inspirent du desir ou de l'aversion pour les objets qui ont fait naître dans le mouvement de ces esprits les modifications accoutumées. Deià naissent l'amour, la haine, la crainte, l'audace, la pitié, la férocité, la colere, la douceur, tel ou tel penchant à certaines voluptés. Ainsi il est évident que les passions ne doivent pas se confondre avec les autres facultés récordatives, telles que la mémoire & l'imagination, dont elles se distinguent par l'impression agréable ou désagréable des sensations de l'ame : au lieu que les autres agens de notre réminiscence ne sont considérés qu'autant qu'ils rappelent simplement les sensations, telles qu'on les a reçues, sans avoir égard à la peine, ou au plaisir qui peut les accompagner.

Telle est l'association des idées dans ce dernier cas, que les idées externes ne se représentent point telles qu'elles sont au dehors, mais jointes avec certains mouvemens qui troublent le *sensorium* : & dans le premier cas, l'imagination fortement frappée, loin de retenir toutes les notions, admet à peine une seule notion simple d'une idée complette, ou plutôt ne voit que son objet fixe interne.

Mais entrons dans un plus grand détail des passions. Lorsque l'ame apperçoit les idées qui lui viennent par les sens, elles produisent par cette même représentation de l'objet, des sentimens de joie ou de tristesse; ou elles n'excitent ni les uns ni les autres ; celles-ci se nomment *indifférentes* :

au lieu que les premieres font aimer, ou haïr l'objet qui les fait naitre par son action.

Si la volonté qui résulte de l'idée tracée dans le cerveau, se plaît à contempler, à conserver cette idée; comme lorsqu'on pense à une jolie femme, à certaine réussite, &c. c'est ce qu'on nomme *joie*, *volupté*, *plaisir*. Quand la volonté désagréablement affectée, souffre d'avoir une idée, & la voudroit loin d'elle, il en résulte de la tristesse. L'amour & la haine sont deux passions desquelles dépendent toutes les autres. L'amour d'un objet présent me réjouit; l'amour d'un objet passé est un agréable souvenir; l'amour d'un objet futur est ce qu'on nomme *désir*, ou *espoir*, lorsqu'on désire, ou qu'on espere en jouir. Un mal présent excite de la tristesse, ou de la haine; un mal passé donne une réminiscence fâcheuse; la crainte vient d'un mal futur. Les autres affections de l'ame sont divers dégrés d'amour, ou de haine. Mais si ces affections sont fortes, qu'elles impriment des traces si profondes dans le cerveau, que toute notre économie en soit bouleversée, & ne connoisse plus les loix de la raison; alors cet état violent se nomme *passion*, qui nous entraîne vers son objet, malgré notre ame. Les idées qui n'excitent ni joie, ni tristesse, sont appelées indifférentes, comme on vient de le dire: telle est l'idée de l'air, d'une pierre, d'un cercle, d'une maison, &c. Mais excepté ces idées-là, toutes les autres tiennent à l'amour, ou à la haine, & dans l'homme tout respire la passion. Chaque âge a les siennes. On souhaite naturellement ce qui convient à l'état actuel du corps. La jeunesse forte & vigoureuse aime la guerre, les plaisirs de l'amour, & tous les genres de volupté ; l'impotente vieillesse, au lieu d'être belliqueuse, est timide ; avare, au lieu d'aimer la dépense ; la hardiesse est témérité à ses yeux, & la jouissance est un crime, parce qu'elle n'est plus faite pour elle. On observe les mêmes appétits & la même conduite dans les brutes, qui sont comme nous, gais, folâtres, amoureux dans le jeune âge, & s'engourdissent ensuite peu-à-peu pour tous les plaisirs. A l'occasion de cet état de l'ame qui fait aimer ou haïr, il se fait dans le corps des mouvemens musculaires, par le moyen desquels nous pouvons nous unir, ou de corps, ou de pensée, à l'objet de notre plaisir, & écarter celui dont la présence nous révolte.

Parmi les affections de l'ame, les unes se font avec conscience, ou sentiment intérieur ; & les autres sans ce sentiment. Les affections du premier genre appartiennent à cette loi, par laquelle le corps obéit à la volonté ; il n'importe de chercher comment cela s'opere. Pour expliquer ces suites, ou effets des passions, il suffit d'avoir recours à quelque accélération ou retardement dans le mouvement du suc nerveux, qui paroît se faire dans le principe du nerf. Celles du second genre sont plus cachées; & les mouvemens qu'elles excitent n'ont pas encore été bien exposés. Dans une très-vive joie, il se fait une grande dilatation du cœur : le pouls s'éleve, le cœur palpite, jusqu'à faire entendre quelquefois ses palpitations, & il se fait aussi quelquefois une si grande transpiration, qu'il s'ensuit souvent la défaillance, & même la mort subite. La colere augmente tous les mouvemens, & conséquemment la circulation du sang; ce qui fait que le corps devient chaud, rouge, tremblant, tout-à-coup prêt à déposer quelques sécrétions qui l'irritent, & sujet aux hémorragies. Delà ces fréquentes apoplexies, ces diarrhées, ces cicatrices r'ouvertes, ces inflammations, ces icteres, cette augmentation de transpiration. La terreur, cette passion, qui, en ébranlant toute la machine, la met, pour ainsi-dire, en garde pour sa propre défense, fait à-peu-près les mêmes effets que la colere; elle ouvre les arteres, guérit quelquefois subitement les paralysies, la létargie, la goutte, arrache un malade aux portes de la mort, produit l'apoplexie, fait mourir de mort subite, & cause enfin les plus terribles effets. Une crainte médiocre diminue tous les mouvemens, produit le froid, arrête la transpiration, dispose le corps à recevoir les miasmes contagieux, produit la pâleur, l'horreur, la foiblesse, le relâchement des sphincters, &c. Le chagrin produit les mêmes accidens, mais moins forts, & principalement retarde tous les mouvemens vitaux & animaux. Cependant un grand chagrin a quelquefois fait tout-à-coup périr. Si vous rapportez tous ces effets à leurs causes, vous trouverez que les nerfs doivent nécessairement agir sur le sang; ensorte que son cours réglé par celui des esprits, s'augmente, ou se retarde avec lui. Les nerfs qui tiennent les arteres, comme dans des filets, paroissent donc, dans la colere & la joie, exciter la circulation du sang artériel, en animant le ressort des arteres : dans la crainte & le chagrin, passion qui semble diminutive de la crainte, (au moins pour ses effets) les arteres resserrées, étranglées, ont peine à faire couler leur sang. Or où ne trouve-t-on pas ces filets nerveux ? Ils sont à la carotide interne, à l'artere temporale, à la grande méningienne, à la vertébrale, à la souclaviere, à la racine de la souclaviere droite, & de la carotide, au tronc de l'aorte, aux arteres brachiales, à la céliaque, à la mésenterique, à celles qui sortent du bassin; & par-tout ils sont bien capables de produire ces effets. La pudeur, qui est une espece de crainte, resserre la veine temporale, où elle est environnée de branches de la *portion dure*, & retient le sang au visage. N'est-ce pas aussi par l'action des nerfs que se fait l'érection, effet qui dépend si visiblement de l'arrêt du sang ? N'est-il pas certain que l'imagination seule procure cet état aux eunuques mêmes ? Que cette seule cause produit l'éjaculation, non-seulement la nuit, mais quelquefois le jour même ? Que l'impuissance dépend souvent des défauts de l'imagination, comme de sa trop grande ardeur, ou de son extrême tranquillité, ou de ses différentes maladies, comme on en lit des exemples dans *Venette* & *Montagne* ? Il n'est pas jusqu'à l'excès de la pudeur, d'une certaine retenue, ou timidité, dont on se corrige bien vîte à l'école des femmes galantes, qui ne mette souvent l'homme le plus amoureux dans une incapacité de les satisfaire. Voilà à la fois la théorie de l'amour, & celle de toutes les autres passions ; l'une vient merveilleusement à l'appui des autres. Il est évident que les nerfs jouent ici le plus grand rôle, & qu'ils sont le principal ressort des passions. Quoique nous ne connoissions point les passions par leurs causes, les lumieres, que le mécanisme des mouvemens des corps animés a répandues de nos jours, nous permettent donc du moins de les expliquer toutes assez clairement par leurs effets : & dès qu'on sait, par exemple, que le chagrin resserre les diametres des tuyaux, quoiqu'on ignore quelle est la premiere cause qui fait que les nerfs se contractent autour d'eux, comme pour les étrangler ; tous les effets qui s'ensuivent, de mélancolie, d'atrabile & de manie, font faciles à concevoir ; l'imagination affectée d'une idée forte, d'une paffion violente, influe fur le corps & le tempérament; & réciproquement les maladies du corps attaquent l'imagination & l'efprit. La mélancolie prife dans le fens des médecins, une fois formée, & devenue bien atrabilaire dans le corps de la perfonne la plus gaie, la rendra donc néceffairement des plus triftes: & au lieu de ces plaifirs qu'on aimoit tant, on n'aura plus de goût que pour la folitude.

CHAPITRE XI.

Des facultés qui dépendent de l'habitude des organes sensitifs.

Nous avons expliqué la mémoire, l'imagination & les passions ; facultés de l'ame qui dépendent visiblement d'une simple disposition du *sensorium*, laquelle n'est qu'un pur arrangement mécanique des parties qui forment la moëlle du cerveau. On a vu 1°. que la mémoire consiste en ce qu'une idée semblable à celle qu'on avoit eue autrefois, à l'occasion de l'impression d'un corps externe, se réveille & se représente à l'ame ; 2°. que si elle se réveille assez fortement, pour que la disposition interne du cerveau enfante une idée très-forte ou très-vive, alors on a de ces imaginations fortes, dont quelques auteurs (1) font une classe, ou une espece particuliere ; & qui persuadent très-fortement l'ame que la cause de cette idée existe hors du corps ; 3°. que l'imagination est de toutes les parties de l'ame, la plus difficile à régler, & celle qui se trouble & se dérange avec le plus de faci-

---

(1) Boerh. *Instit. mod. de sens. intern.*

lité : delà vient que l'imagination en général nuit beaucoup plus au jugement, que la mémoire même, sans laquelle l'ame ne peut combiner plusieurs idées. On diroit que ce sens froid, appelé commun, quoique si rare, s'éclipse & se fond en quelque sorte à la chaleur des mouvemens vifs & turbulens de la partie phantastique du cerveau ; 4°. enfin, j'ai fait voir, combien de causes changent les idées même des choses, combien il faut de sages précautions pour éviter l'erreur qui séduit l'homme en certains cas malgré lui-même. Qu'il me soit permis d'ajouter que ces connoissances sont absolument nécessaires aux médecins même, pour connoître, expliquer & guérir les diverses affections du cerveau.

Passons à un nouveau genre de facultés corporelles qui se rapportent à l'ame sensitive. La mémoire, l'imagination, les passions ont formé la premiere classe : les inclinations, les appétits, l'instinct, la pénétration & la conception, vont composer la seconde.

§. I.

Des inclinations & des appétits.

Les inclinations sont des dispositions qui dépendent de la structure particuliere des sens, de la solidité, de la mollesse des nerfs qui se trouvent dans ces organes, ou plutôt qui les constituent, des divers dégrés de mobilité dans les esprits, &c. C'est à cet état qu'on doit les penchans ou les dégoûts naturels, qu'on a pour différens objets qui viennent frapper les sens.

Les appétits dépendent de certains organes, destinés à nous donner les sensations qui nous font désirer la jouissance, ou l'usage des choses utiles à la conservation de notre machine, & à la propagation de notre espece, appétit aussi pressant & qui reconnoît les mêmes principes, ou les mêmes causes, que la faim (1). Il est bon de savoir que les anciens ont aussi placé dans cette même classe certaines dispositions de nos organes qui nous donnent de la répugnance, & même de l'horreur, pour les choses qui pourroient nous nuire. C'est pourquoi ils avoient distingué ces appétits en *concupiscibles* & en *irascibles*; c'est-à-dire, en ceux qui nous font désirer ce qui est bon ou salutaire, qui ne nous y font jamais penser sans plaisir; & en ceux qui nous font penser à ce qui nous est contraire, avec assez de peine & de répugnance pour le rebuter. Quand je dis nous, c'est qu'il faut, n'en déplaise à l'orgueil humain, que les hommes se confondent ici avec les animaux, puisqu'il s'agit

---

(1). M. Senac. *Anat. d'Heist.* p. 514.

de facultés que la nature a données en commun aux uns ou aux autres.

§. II.
De l'instinct.

L'instinct consiste dans des dispositions corporelles purement mécaniques, qui font agir les animaux sans nulle délibération, indépendamment de toute expérience, & comme par une espece de nécessité ; mais cependant, (ce qui est bien admirable) de la maniere qui leur convient le mieux pour la conservation de leur être. D'où naissent la sympathie que certains animaux ont les uns pour les autres, & quelquefois pour l'homme même, auquel il en est qui s'attachent tendrement toute leur vie ; l'antipathie ou aversion naturelle, les rufes, le discernement, le choix indéliberé automatique, & pourtant sûr de leurs alimens, & même des plantes salutaires qui peuvent leur convenir dans leurs différentes maladies. Lorsque notre corps est affligé de quelque mal, qu'il ne fait ses fonctions qu'avec peine, il est comme celui des animaux, machinalement déterminé à chercher les moyens d'y remédier, sans cependant les connoître (1).

---

(1) Boerh. *Inst. Mod.* § 4.

La raison ne peut concevoir comment se font des opérations en apparence aussi simples. Le docte médecin que je cite se contente de dire qu'elles se font en conséquence des loix auxquelles l'auteur de la nature a assujetti les corps animés, & que toutes les premieres causes dépendent immédiatement de ces loix. L'enfant nouveau né fait différentes fonctions, comme s'il s'y étoit exercé pendant toute la grossesse, sans connoître aucun des organes qui servent à ces fonctions; le papillon à peine formé fait jouer ses nouvelles aîles, vole & se balance parfaitement dans l'air; l'abeille qui vient de naître, ramasse du miel & de la cire; le perdreau à peine éclos, distingue le grain qui lui convient. Ces animaux n'ont point d'autre maître que l'instinct. Pour expliquer tous ces mouvemens & ces opérations, il est donc évident que *Staahl* a grand tort de prétexter l'adresse que donne l'habitude.

Il est certain, comme l'observe l'homme du monde le plus capable (1) d'arracher les secrets de la nature, qu'il y a dans les mouvemens des corps animés autre chose qu'une mécanique intelligible, je veux dire, « une certaine force qui appartient » aux plus petites parties dont l'animal est formé,

---

(1) M. de Maupertuis.

» qui

» qui est répandue dans chacune, & qui carac-
» térise non-seulement chaque espece d'animal,
» mais chaque animal de la même espece, en ce
» que chacun se meut, & sent diversement & à
» sa maniere, tandis que tous appétent nécessai-
» rement ce qui convient à la conservation de leur
» être, & ont une aversion naturelle qui les garantit
» sûrement de ce qui pourroit leur nuire ».

Il est facile de juger que l'homme n'est point ici
excepté. Oui, sans doute, c'est cette forme propre
à chaque corps, cette force innée dans chaque
élément fibreux, dans chaque fibre vasculeuse, &
toujours essentiellement différente en soi de ce qu'on
nomme élasticité, puisque celle-ci est détruite, que
l'autre subsiste encore après la mort même, & se
réveille par la moindre force mouvante; c'est cette
cause, dis-je, qui fait que j'ai moins d'agilité qu'une
puce, quoique je saute par la même mécanique;
c'est par elle que, dans un faux-pas, mon corps se
porte aussi prompt qu'un éclair à contrebalancer sa
chûte, &c. Il est certain que l'ame & la volonté
n'ont aucune part à toutes ces actions du corps,
inconnues aux plus grands anatomistes; & la preuve
en est, que l'ame ne peut avoir qu'une seule idée
distincte à la fois. Or quel nombre infini de mouvemens divers lui faudroit-il prévoir d'un coup-
d'œil, choisir, combiner, ordonner avec la plus
grande justesse? Qui sait combien il faut de muscles

Tome I. K

pour sauter ; comme les fléchisseurs doivent être relâchés, les extenseurs contractés, tantôt lentement, tantôt vîte ; comment tel poids & non tel autre peut s'élever ? Qui connoît tout ce qu'il faut pour courir, franchir de grands espaces avec un corps d'une pesanteur énorme, pour planer dans les airs, pour s'y élever à perte de vue & traverser une immensité de pays ? Les muscles auroient-ils donc besoin du conseil d'un être qui n'en sait seulement pas le nom ; qui n'en connoît ni les attaques, ni les usages, pour se préparer à transporter sans risque & faire sauter toute la machine à laquelle ils sont attachés ? L'ame n'est point assez parfaite pour cela dans l'homme, comme dans l'animal ; il faudroit qu'elle eût infuse, cette science infinie géométrique, supposée par *Staalh*, tandis qu'elle ne connoît pas les muscles qui lui obéissent. Tout vient donc de la seule force de l'instinct, & la monarchie de l'ame n'est qu'une chimere. Il est mille mouvemens dans le corps, dont l'ame n'est pas même la cause conditionnelle. La même cause qui fait fuir ou approcher un corbeau à la présence de certains objets, ou lorsqu'il entend quelque bruit, veille aussi sans cesse, à son insçu, à la conservation de son être. Mais ce même corbeau, ces oiseaux de la grande espece qui parcourent les airs, ont le sentiment propre à leur instinct.

Concluons donc que chaque animal a son sentiment propre & fa maniere de l'exprimer, & qu'elle eft toujours conforme au plus droit fens, à un inftinct, à une mécanique qui peut paffer toute intelligence, mais non les tromper: & confirmons cette conclufion par de nouvelles obfervations.

§. III.

Que les animaux expriment leurs idées par les mêmes fignes que nous.

Nous tâcherons de marquer avec précifion en quoi confiftent les connoiffances des animaux, & jufqu'où elles s'étendent ; mais fans entrer dans le détail trop rebattu de leurs opérations, fort agréables, fans-doute, dans les ouvrages de certains philofophes qui ont daigné plaire, (1) admirables dans le livre de la nature. Comme les animaux ont peu d'idées, ils ont auffi peu de termes pour les exprimer. Ils apperçoivent comme nous, la diftance, la grandeur, les odeurs, la plupart des *fecondes qualités* (2), & s'en fouviennent. Mais

---

(1) V. principalement le P. Bougeant, *Eff. Phil. fur le lang. des bêtes.*

(2) Comme parle *Locke.*

outre qu'ils ont beaucoup moins d'idées, ils n'ont guere d'autres expreſſions que celles du langage affectif dont j'ai déjà parlé. Cette diſette vient-elle du vice des organes? Non, puiſque les perroquets rediſent les mots qu'on leur apprend, ſans en ſavoir la ſignification, & qu'ils ne s'en ſervent jamais pour rendre leurs propres idées. Elle ne vient point auſſi du défaut d'idées, car ils apprennent à diſtinguer la diverſité des perſonnes, & même des voix, & nous répondent par des geſtes trop vrais, pour qu'ils n'expriment pas leur volonté.

Quelle différence y a-t-il donc en notre faculté de diſcourir, & celle des bêtes? La leur ſe fait entendre, quoique muette, ce ſont d'excellents pantomimes; la nôtre eſt *verbeuſe*, nous ſommes ſouvent de vrais babillards.

Voilà des idées & des ſignes d'idées qu'on ne peut refuſer aux bêtes, ſans choquer le ſens commun. Ces ſignes ſont perpétuels, intelligibles à tout animal du même genre, & même d'une eſpece différente, puiſqu'ils le ſont aux hommes même. Je ſais auſſi certainement, dit Lamy, (1) qu'un perroquet a de la connoiſſance, comme je ſais qu'un étranger en a; les mêmes marques qui ſont

---

(1) Diſc. Anat. p. 226.

pour l'un, font pour l'autre : il faut avoir moins de bon fens que les animaux, pour leur refufer des connoiffances.

Qu'on ne nous objecte pas que les fignes du difcernement des bêtes font arbitraires, & n'ont rien de commun avec leurs fenfations : car tous les mots dont nous nous fervons le font auffi, & cependant ils agiffent fur nos idées, ils les dirigent, ils les changent. Les lettres qui ont été inventées plus tard que les mots, étant raffemblées, forment les mots ; de forte qu'il nous eft égal de lire des caracteres, ou d'entendre les mots qui en font faits, parce que l'ufage nous y a fait attacher les mêmes idées, antérieures aux unes & aux autres lettres, mots, idées ; tout eft donc arbitraire dans l'homme, comme d'ans l'animal : mais il eft évident, lorfqu'on jette les yeux fur la maffe du cerveau de l'homme, que ce vifcere peut contenir une multitude prodigieufe d'idées, & par conféquent exigent pour rendre ces idées, plus de fignes que les animaux. C'eft en cela précifément que confifte toute la fupériorité de l'homme.

Mais les hommes & même les femmes, fe moquent-elles mieux les unes des autres, que ces oifeaux qui redifent les chanfons des autres oifeaux, de maniere à leur donner un ridicule parfait ? Quelle différence y a-t-il entre l'enfant & le perroquet qu'on inftruit ? ne redifent-ils pas également les sons dont on frappe leurs oreilles, & cela avec tout aussi peu d'intelligence l'un que l'autre. Admirable effet de l'union des sens externes, avec les sens internes ; de la connexion de la parole de l'un, avec l'ouie de l'autre, & d'un lien si intime entre la volonté & les mouvemens musculeux, qu'ils s'exercent toujours au gré de l'animal, lorsque la structure du corps le permet ! L'oiseau qui entend chanter pour la premiere fois, reçoit l'idée du son ; désormais il n'aura qu'à être attentif aux airs nouveaux, pour les redire (sur-tout s'il les entend souvent) avec autant de facilité que nous prononçons un nouveau mot anglois. L'expérience (1) a même fait connoître qu'on peut apprendre à parler & à lire en peu de (2) temps à un sourd de naissance, par conséquent muet ; ce sourd qui n'a que des yeux, n'a-t-il pas moins d'avantage, qu'une perruche qui a de fines oreilles ?

§. IV.

De la pénétration & de la conception.

Il nous reste à exposer deux autres facultés qui

---

(1) Voy. Amman, *de loquela*, p. 81 & 103.
(2) Deux mois, *Amman.* 31.

font des dépendances du même principe, je veux dire de la difposition originaire & primitive des organes : favoir, la pénétration & la conception qui naiffent de la perfection des facultés corporelles fenfitives.

La *pénétration* eft une heureufe difposition qu'on ne peut définir, dans la ftructure intime des fens & des nerfs, & dans le mouvement des efprits. Elle pénetre l'ame de fenfations fi nettes, fi exquifes, qu'elles la mettent elles-mêmes en état de les diftinguer promptement & exactement l'une de l'autre.

Ce qu'on appelle *conception*, ou *compréhenfion*, eft une faculté dépendante des mêmes parties, par laquelle toutes les facultés dont j'ai parlé, peuvent donner à l'ame un grand nombre de fenfations à la fois, & non moins claires & diftinctes; en forte que l'ame embraffe, pour ainfi dire, dans le même inftant & fans nulle confufion, plus ou moins d'idées, fuivant le degré d'excellence de cette faculté.

CHAPITRE XII.

Des affections de l'ame sensitive.

§. I.

Les sensations, le discernement & les connoissances.

NON-seulement l'ame sensitive a une exacte connoissance de ce qu'elle sent, mais ses sentimens lui appartiennent précisément, comme des modifications d'elle-même. C'est en distinguant ces diverses modifications qui la touchent, ou la remuent diversement, qu'elle voit & discerne les différents objets qui les lui occasionnent, & ce discernement, lorsqu'il est net, & pour ainsi dire, sans nuages, lui donne des connoissances exactes, claires, évidentes.

Mais les sensations de notre ame ont deux faces qu'il faut envisager : ou elles sont purement spéculatives, & lorsqu'elles éclairent l'esprit, on leur donne le nom de connoissances ; où elles portent à l'ame des affections agréables ou désagréables, & c'est alors qu'elles font le plaisir ou le bonheur, la peine ou le malheur de notre être : en effet, nous ne jouissons très-certainement que des modifications de nous-mêmes; & il est vrai de dire que l'ame réduite à la possession d'elle-même, n'est qu'un être accidentel. La preuve de cela, c'est que l'ame ne se connoît point, & qu'elle est privée d'elle-même lorsqu'elle est privée des sensations. Tout son bien-être & tout son mal-être ne résident donc que dans les impressions agréables ou désagréables qu'elle reçoit passivement; c'est-à-dire, qu'elle n'est pas la maîtresse de se les procurer & de les choisir à son gré, puisqu'elles dépendent manifestement de causes qui lui sont entierement étrangeres.

Il s'ensuit que le bonheur ne peut dépendre de la maniere de penser, ou plutôt de sentir; car il est certain, & je ne crois pas que personne en disconvienne, qu'on ne pense & qu'on ne sent pas comme on voudroit. Ceux-là donc qui cherchent le bonheur dans leurs réflexions, ou dans la recherche de la vérité qui nous fuit, le cherchent où il n'est pas. A dire vrai, le bonheur dépend de causes corporelles, telles que certaines dispositions de corps naturelles, ou acquises, je veux dire, procurées par l'action de corps étrangers sur le nôtre. Il y a des gens qui, grace à l'heureuse conformation de leurs organes & à la modération de leurs désirs, sont heureux à peu de frais, ou du moins sont le plus souvent tranquilles & contents de leur sort, de maniere que ce n'est guere que par accident qu'ils peuvent se surprendre dans un état malheureux. Il y en a d'autres (& malheureusement c'est le plus grand nombre) à qui il faut sans-cesse des plaisirs nouveaux, tous plus piquants les uns que les autres; mais ceux-là ne sont heureux que par accident, comme celui que la musique, le vin, ou l'opium réjouit; & il n'arrive que trop fréquemment que le dégoût & le repentir suivent de près ce plaisir charmant, qu'on regardoit comme le seul bien réel, comme le seul dieu digne de tous nos hommages & nos sacrifices. L'homme n'est donc pas fait pour être parfaitement heureux. S'il l'est, c'est quelquefois; le bonheur se présente comme la vérité, par hasard, au moment qu'on s'y attend le moins. Cependant il faut se soumettre à la rigueur de son état, & se servir, s'il se peut, de toute la force de sa raison, pour en soutenir le fardeau. Ces moyens ne procurent pas le bonheur, mais ils accoutument à s'en passer, &, comme on dit, à prendre patience, à faire de nécessité, vertu. Ces courtes réflexions sur le bonheur m'ont dégoûté de tant de traités du même sujet, où le style est compté pour les choses; où l'esprit tient lieu de bon sens, où l'on éblouit par le prestige d'une frivole éloquence, faute de raisonnemens solides; où enfin on se jette à corps perdu dans l'ambitieuse métaphysique, parce qu'on n'est pas physicien. La physique seule peut abréger les difficultés, comme le remarque M. *de Fontenelle* (1). Mais sans une connoissance parfaite des parties qui composent les corps animés, & des loix mécaniques auxquelles ces parties obéissent, pour faire leurs mouvemens divers, le moyen de débiter sur le corps & l'ame, autre chose que de vains paradoxes ou des systêmes frivoles, fruits d'une imagination déréglée, ou d'une fastueuse présomption ! C'est cependant du sein de cette ignorance qu'on voit sortir tous ces petits philosophes, grands constructeurs d'hypotheses, ingénieux créateurs de songes bizarres & singuliers, qui sans théorie, comme sans expérience, croient seuls posséder la vraie philosophie du corps humain. La nature se montreroit à leurs regards, qu'ils la méconnoîtroient, si elle n'étoit pas conforme à la maniere dont ils ont cru la concevoir. Flatteuse & complaisante imagination, n'est-ce donc point assez pour vous de ne chercher qu'à plaire, & d'être le plus parfait modele de coquetterie ? Faut-il que vous ayez une tendresse vraiment maternelle pour vos enfans les plus contrefaits & les plus insensés, & que contente de votre seule fécondité, vos productions ne paroissent ridicules ou extravagantes qu'aux yeux d'autrui ? Oui, il est juste que

____

(1) Digressions sur les anciens & les modernes.

l'amour-propre qui fait les auteurs, & sur-tout les mauvais auteurs, les paye en secret des louanges que le public leur refuse, puisque cette espece de dédommagement qui soutient leur courage, peut les rendre meilleurs, & même excellents dans la suite.

§. II.

De la volonté.

Les sensations qui nous affectent, décident l'ame à vouloir, ou à ne pas vouloir, à aimer, ou à haïr ces sensations, selon le plaisir, ou la peine qu'elles nous causent; cet état de l'ame ainsi décidé par ses sensations, s'appelle *volonté*.

Mais il faut qu'on distingue ici la volonté de la liberté. Car on peut être agréablement, & en conséquence volontairement affecté par une sensation, sans être maître de la rejetter, ou de la recevoir. Tel est l'état agréable & volontaire, où se trouvent tous les animaux, & l'homme même, lorsqu'ils satisfont quelques-uns de ces besoins pressans, qui empêchoient Alexandre de croire qu'il fût un dieu, comme disoient ses flatteurs, puisqu'il avoit besoin de garderobe & de concubine.

Mais considérons un homme qui veut veiller, & à qui on donne de l'opium; il est invité au sommeil par les sensations agréables que lui procure ce divin remede; & sa volonté est tellement changée, que l'ame est forcément décidée à dormir. Comme les bêtes ne jouissent probablement que de ces *volitions*, il n'est pour elle ni bien, ni mal moral. L'opium assoupit donc l'ame avec le corps: à grande dose, il rend furieux. Les cantharides intérieurement prises, font naître la passion d'amour avec une aptitude à la satisfaire, qui souvent coûte bien cher. L'ame d'un homme mordu d'un chien enragé, enrage enfin elle-même. Le *poust*, drogue vénimeuse, fort en usage dans le Mogol, maigrit le corps, rend impuissant, & ôte peu-à-peu l'ame raisonnable, pour ne lui substituer que l'ame, je ne dis pas sensitive, mais végétative. Toute l'histoire des poisons (1) prouve assez que ce qui a été dit des *philtres* amoureux des anciens, n'est pas si fabuleux, & que toutes les facultés de l'ame, jusqu'à la conscience, ne sont que des dépendances du corps. Il n'y a qu'à trop boire & manger pour se réduire à la condition des bêtes. Socrate enyvré se mit à danser à la vue d'un excellent pantomime (2), & au lieu d'exemples de

---

(1) V. Mead. *de Venenis.*

(2) Les mouvemens se communiquent d'un homme

sagesse, ce précepteur de la patrie n'en donna plus que de luxure & de volupté. Dans les plus grands plaisirs, il est impossible de penser, on ne peut que sentir. Dans les momens qui les suivent, & qui ne sont pas eux-mêmes sans volupté, l'ame se replie en quelque sorte sur les délices qu'elle vient de goûter, comme pour en jouir à plus longs traits; elle semble vouloir augmenter son plaisir, en l'examinant: mais elle a tant senti, tant existé, qu'elle ne sent & n'est presque plus rien. Cependant l'accablement où elle tombe lui est cher; elle n'en sortiroit pas vîte sans violence, parce que cette ravissante convulsion des nerfs, qui a enyvré l'ame de si grands transports, doit durer encore quelque temps; semblable à ces vertiges, où l'on voit tourner les objets, long-temps après qu'ils ne tournent plus. Tel qui seroit bien fâché de faire tort (1) à sa famille en rêve, n'a plus la même volonté, à l'occasion d'un certain prurit, qui va, pour ainsi dire, chercher l'ame dans les bras du sommeil, &

à un autre homme, les sentimens se gagnent de même, & la conversation des gens d'esprit en donne. Cela est facile à expliquer par ce qui a été dit, c. XI, §. III.

(1) Le bon Leeuwenhoeck nous certifie que ses observations *Hartsockeriennes* n'ont jamais été faites aux dépens de sa famille.

l'avertir qu'il ne tient qu'à elle d'être heureuse un petit moment : & si la nature, lorsqu'elle s'éveille, est prête à trahir sa premiere volonté, alors une autre volonté nouvelle s'éleve dans l'ame, & suggere à la nature les plus courts moyens de sortir d'un état urgent, pour s'en procurer un plus agréable, dont on va se repentir, suivant l'usage, & comme il arrive sur-tout à la suite des plaisirs pris sans besoin.

Voilà l'homme, avec toutes les illusions dont il est le jouet, & la proie. Mais si ce n'est pas sans plaisir que la nature nous trompe & nous égare, qu'elle nous trompe toujours ainsi.

Enfin rien de si borné que l'empire de l'ame sur le corps, & rien de si étendu que l'empire du corps sur l'ame. Non-seulement l'ame ne connoît pas les muscles qui lui obéissent, & quel est son pouvoir volontaire sur les organes vitaux : mais elle n'en exerce jamais d'arbitraire sur ces mêmes organes. Que dis-je ! elle ne sait pas même si la volonté est la cause efficiente des actions musculeuses, ou simplement une cause occasionnelle, mise en jeu par certaines dispositions internes du cerveau, qui agissent sur la volonté, la remuent secrétement, & la déterminent de quelque maniere que ce soit. *Staahl* pense différemment ; il donne à l'ame, comme on l'a insinué, un empire absolu ; elle produit tout chez lui, jusqu'aux hémorrhoïdes. Voyez sa théorie de médecine, où il s'efforce de prouver cette imagination par des raisonnemens métaphysiques, qui ne la rendent que plus incompréhensible, &, si j'osois le dire, plus ridicule.

§. III.

Du goût.

Les sensations considérées, ou comme de simples connoissances, ou en tant qu'elles sont agréables, ou désagréables, font porter à l'ame deux sortes de jugemens. Lorsqu'elle découvre des vérités, qu'elle s'en assure elle-même avec une évidence qui captive son consentement, cette opération de l'ame consentante, qui ne peut se dispenser de se rendre aux lumieres de la vérité, est simplement appelée *jugement*. Mais lorsqu'elle apprécie l'impression agréable, ou désagréable, qu'elle reçoit de ses différentes sensations, alors ce jugement prend le nom de *goût*. On donne le nom de *bon goût*, aux sensations qui flattent le plus généralement tous les hommes, & qui sont, pour ainsi dire, les plus accréditées, les plus en vogue : & réciproquement le mauvais goût, n'est que le goût le plus singulier & le moins ordinaire, c'est-à-dire, les sensations les moins communes. Je connois des gens de lettres, qui pensent différemment,

remment; ils prétendent, que le bon ou le mauvais goût, n'est qu'un jugement raisonnable, ou bizarre, que l'ame porte de ses propres sensations. Celles, disent-ils, qui plaisent à la vérité à quelques-uns, toutes défectueuses & imparfaites qu'elles sont, parce qu'ils en jugent mal, ou trop favorablement; mais qui déplaisent, ou répugnent au plus grand nombre, parce que ces derniers ont ce qu'on appelle un bon esprit, un esprit droit; ces sensations sont l'objet du mauvais goût. Je crois, moi, qu'on ne peut se tromper sur le compte de ses sensations: je pense qu'un jugement qui part du sens intime, tel que celui qu'on porte de son propre sentiment, ou de l'affection de son ame, ne peut porter à faux, parce qu'il ne consiste qu'à goûter un plaisir, ou à sentir une peine, qu'on éprouve en effet, tant que dure une sensation agréable, ou désagréable. Il y en a qui aiment, par exemple, l'odeur de la corne de cheval, d'une carte, du parchemin brûlé. Tant qu'on n'entendra par *mauvais goût*, qu'un goût singulier, je conviendrai que ces personnes sont de mauvais goût, & que les femmes grosses, dont les goûts changent avec les dispositions du corps, sont aussi de très-mauvais goût, tandis qu'il est évident qu'elles sont seulement avides de choses assez généralement méprisées, & dont elles ne faisoient elles-mêmes aucun cas avant la grossesse, & qu'ainsi

Tome I. L

elles n'ont alors que des goûts particuliers, relatifs à leur état, & qui se remarquent rarement. Mais quand on juge agréable la senfation que donne l'odeur de la pommade à la maréchale, celle du musc, de l'ambre & de tant d'autres parfums, si commodes aux barbets pour retrouver leurs maîtres, & cela dans le temps même qu'on jouit du plaisir que toutes ces choses font à l'ame, on ne peut pas dire qu'on en juge mal, ni trop favorablement. S'il est de meilleurs goûts les uns que les autres, ce n'est jamais que par rapport aux senfations plus agréables, qu'éprouve la même personne : & puisqu'enfin tel goût que je trouve délicieux est détesté par un autre, sur lequel il agit tout autrement, où est donc ce qu'on nomme *bon & mauvais goût*? Non, encore une fois, les senfations de l'homme ne peuvent le tromper : l'ame les apprécie précifément ce qu'elles valent, relativement au plaisir ou au désagrément qu'elle en reçoit.

§. IV.

Du génie.

Je vais tâcher de fixer l'idée du génie, avec plus de précision que je n'ai fait jusqu'à préfent. On entend communément par ce mot *génie*, le plus haut point de perfection, où l'esprit humain puisse atteindre. Il ne s'agit plus que de savoir ce qu'on entend par cette perfection. On la fait consister dans la faculté de l'esprit la plus brillante, dans celle qui frappe le plus, & même étonne, pour ainsi dire, l'imagination : & en ce sens, dans lequel j'ai employé moi-même le terme de *génie*, pour me conformer à l'usage que j'avois dessein de corriger ensuite, nos poëtes, nos auteurs systématiques, tout, jusqu'à l'abbé Cartaut de la Villate (1) auroit droit au génie ; & le philosophe qui auroit le plus d'imagination, le P. Mallebranche, feroit le premier de tous.

Mais si le génie est un esprit aussi juste, que pénétrant ; aussi vrai, qu'étendu ; qui non-seulement évite constamment l'erreur, comme un pilote habile évite les écueils ; mais se servant de la raison, comme il se sert de la boussole ; ne s'écarte jamais de son but, manie la vérité avec autant de précision que de clarté, & enfin embrasse aisément, & comme d'un coup d'œil, une multitude d'idées, dont l'enchaînement forme un système expérimental, aussi lumineux dans ses principes, que juste dans ses conséquences, adieu les prétentions de nos beaux esprits, & de nos plus célebres

---

(1) Essai historique & philosophique du goût.

constructeurs d'hypotheses ! Adieu cette multitude de génies ! Qu'ils seront rares déformais ! Passons en revue les principaux philosophes modernes, auxquels le nom de génie a été prodigué, & commençons par Descartes.

Le chef-d'œuvre de Descartes est sa méthode, & il a poussé fort loin la géométrie, du point où il l'a trouvée ; peut-être autant que Newton l'a poussée lui-même, du point où l'avoit laissé Descartes. Enfin, personne ne lui refuse un esprit naturellement philosophique. Jusques-là Descartes n'est pas un homme ordinaire ; ce seroit même un génie, si pour mériter ce titre, il ne falloit qu'éclipser & laisser fort loin derriere soi tous les autres mathématiciens. Mais les idées des grandeurs sont simples, faciles à saisir & à déterminer. Le cercle en est petit, & des signes toujours présens à la vue, les rendent toujours sensibles ; de sorte que la géométrie & l'algebre sont les sciences où il y a moins de combinaisons à faire, sur-tout de combinaisons difficiles ; on n'y voit par-tout que problêmes, & jamais il n'y en eut moins à résoudre. Delà vient que les jeunes gens, qui s'appliquent aux mathématiques pendant trois ou quatre ans, avec autant de courage que d'esprit, vont bientôt de pair avec ceux qui ne sont pas faits pour franchir les limites de l'art : & communément les géometres, loin d'être des génies, ne sont pas même des gens d'esprit; ce que j'attribue à ce petit nombre d'idées qui les abforbent, & bornent l'efprit, au lieu de l'étendre, comme on fe l'imagine. Quand je vois un géometre qui a de l'efprit, je conclus qu'il en a plus qu'un autre; fes calculs n'emportent que le fuperflu, & le néceffaire lui refte toujours. Eft-il étonnant que le cercle de nos idées fe refferre proportionnellement à celui des objets qui nous occupent fans ceffe ? Les géometres, j'en conviens, manient facilement la vérité; & ce feroit doublement leur faute, s'ils ne favoient pas la vraie méthode de l'expofer, depuis que le célebre M. Clairaut a donné fes *élémens de géométrie*; (car, bon dieu ! avant cet excellent ouvrage, en quel défordre, & quel chaos étoit cette fcience !) Mais faites-les fortir de leur petite fphere; qu'ils ne parlent ni de phyfique, ni d'aftronomie, qu'ils paffent à de plus grands objets, qui n'ayent aucun rapport avec ceux qui dépendent des mathématiques, par exemple, à la métaphyfique, à la morale, à la phyfiologie, à la littérature: femblables à ces enfans qui croyoient toucher le ciel au bout de la plaine, ils trouveront le monde des idées bien grand. Que de problémes, & de problémes très-compofés & très-difficiles ! Quelle foule d'idées (fans compter la peine que les géometres ne fe donnent pas ordinairement d'être lettrés & érudits) & de connoiffances diverfes à embraſſer d'une vue générale, à raſſembler, à comparer ! Ceux qui faute de lumieres veulent des autorités pour juger, n'ont qu'à lire le diſcours que M. de Maupertuis prononça le jour qu'il fût reçu à l'académie françoiſe, & l'on verra ſi j'exagere le peu de mérite des géometres, & les talens néceſſaires pour réuſſir dans des ſciences d'une ſphere plus étendue. Je n'en appelle, comme on voit, qu'au ſuffrage d'un profond géometre, & pourtant homme de beaucoup d'eſprit, & qui plus eſt, vrai génie, ſi on l'eſt par les plus rares qualités qui le caractériſent, la vérité, la juſteſſe, la préciſion & la clarté. Qu'on me montre en Deſcartes des qualités auſſi eſſentielles au génie, & ſur-tout qu'on me les faſſe voir ailleurs qu'en géométrie, puiſqu'encore une fois le premier des géometres ſeroit peut-être le dernier des métaphyſiciens ; & l'illuſtre philoſophe dont je parle, en eſt lui-même une preuve trop ſenſible. Il parle des idées ſans ſavoir d'où, ni comment elles lui viennent, ſes deux premieres définitions ſur l'eſſence de l'ame & de la matiere, ſont deux erreurs, d'où découlent toutes les autres. Aſſurément dans ces *méditations métaphyſiques*, dont M. Deſlandres admire la profondeur, ou plutôt l'obſcurité, Deſcartes ne ſait ce qu'il cherche, ni où il veut aller ; il ne s'entend pas lui-même. Il admet des idées innées ; il ne voit dans les corps qu'une force divine. Il montre son peu de jugement, soit en refusant le sentiment aux bêtes ; soit en formant un doute impraticable, inutile, puérile ; soit en adoptant le faux, comme le vrai ; en ne s'accordant pas souvent avec lui-même ; en s'écartant de sa propre méthode ; en s'élevant par la vigueur déréglée de ses esprits, pour tomber d'autant plus, & n'en retirer que l'honneur de donner, comme le téméraire Icare, un nom immortel aux mers dans lesquelles il s'est noyé.

Je veux, & je l'ai insinué moi-même, que les égaremens mêmes de Descartes soient ceux d'un grand-homme ; je veux que sans lui nous n'eussions point eu les Huyghens, les Boyles, les Mariotte, les Newton, les Musschenbroeck, les Sgravesande, les Boerhaave, &c. qui ont enrichi la physique d'une prodigieuse multitude d'expériences, & qu'en ce sens il soit fort permis aux imaginations vives de se donner carriere. Mais, n'en déplaise à M. Privat de Moliere, grand partisan des systêmes, en particulier de l'hypothese Cartésienne, qu'est-ce que cela prouve en faveur des conjectures frivoles de Descartes ? Il a beau dire, des systêmes gratuits ne seront jamais que des châteaux en l'air, sans utilité comme sans fondement.

Que dirons-nous de cet enfant de l'imagination, de cet ingrat, qui déclamant contr'elle, peut bien passer pour battre sa mere, ou sa propre nourrice ? Il a été plus habile à édifier, que Bayle ne l'étoit à détruire ; mais ce savant homme avoit le plus souvent l'esprit juste & prompt à éviter l'erreur : & Mallebranche n'a montré qu'un esprit faux, incapable de saisir la vérité ; l'imagination qui le domine, ne lui permet pas de parler des passions, sans en montrer, ni d'exposer les erreurs des sens, sans les exagérer. J'admire la magnificence de son ouvrage, il forme une chaîne nulle part interrompue ; mais l'erreur, l'illusion, les rêves, les vertiges, le délire, en sont les matériaux ; & comme les guides qui le menent à l'immortalité. Son palais ressemble à celui des fées, leurs mains ont apprêté les mets qu'il nous sert. Qu'on a bien raison de dire qu'il n'a recherché la vérité que dans le titre de son livre ! Il ne montre pas plus de sagacité à la découvrir, que d'adresse à la faire connoître aux autres. Esclave des préjugés, il adopte tout ; dupe d'un phantôme, ou d'une apparition, il réalise les chimeres qui lui passent par la tête. Les préjugés ont justement été comparés à ces faux amis qu'il faut abandonner, dès qu'on en a reconnu la perfidie. Eh ! qui la doit reconnoître, qui doit s'en garantir si ce n'est un philosophe ?

Ce n'est pas tout : non-seulement il voit tout en dieu, excepté ses extravagances & ses folies ;

mais on a remarqué qu'il en fait un machiniste si mal habile, que son ouvrage ne peut aller, si l'ouvrier ne le fait mouvoir sans cesse, comme s'il avoit prétendu par cette idée Cartésienne, faire trouver peu surprenant que dieu se fût repenti d'avoir fait l'homme.

Après cela, Mallebranche auroit-il prétendu au rang des génies, c'est-à-dire, de ces esprits heureusement faits pour connoître & exposer clairement la vérité? Qu'il en est différent! Mais sans doute on le prendra pour un esprit céleste, éthéré, dont les spéculations s'étendent au-delà du douzieme ciel de Ptolomée; car des idées acquises par les sens, que dis-je! les idées innées de Descartes ne lui suffisent pas; il lui en faut de divines, puisées dans le sein de l'immensité, dans l'infini: il lui faut un *monde spirituel, intelligible* (ou plutôt inintelligible) où se trouvent les *idées*, c'est-à-dire, les images, les représentations de tous les corps, au hasard d'en conclure que dieu est tout ce qu'on voit, & qu'on ne peut faire un pas, sans le trouver dans ce vaste univers, selon l'idée que Lucain exprime ainsi dans le neuvieme livre de sa pharsale:

Jupiter est quodcumque vides, quòcumque moveris.

Le célebre Leibnitz raisonne à perte de vue

sur l'être & la substance ; il croit connoître l'essence de tous les corps. Sans lui, il est vrai, nous n'eussions jamais deviné qu'il y eût des *monades* au monde, & que l'ame en fût une; nous n'eussions point connu ces fameux principes qui excluent toutes égalités dans la nature, & expliquent tous les phénomenes par une *raison*, plus *inutile*, que *suffisante*. Wolf se présente ici, comme un commentaire sous son texte. Rendons la même justice à cet illustre disciple, à ce commentateur, original jusqu'à donner son nom à la secte de son maitre, qui s'accroit tous les jours sous ses auspices. Le système qu'il a embelli par la fécondité & la subtilité d'idées merveilleusement suivies, est sans-doute le plus ingénieux de tous. Jamais l'esprit humain ne s'est si conséquemment égaré : quelle intelligence, qu'elle ordre, quelle clarté président à tout l'ouvrage ! De si grands talens le font à juste titre regarder comme un philosophe très-supérieur à tous les autres, & à celui même qui a fourni le fond de la philosophie Wolfienne. La chaîne de ses principes est bien tissue, mais l'or dont elle paroît formée, mis au creuset, ne paroît qu'un métal imposteur. Eh ! faut-il donc tant d'art à enchâsser l'erreur, pour mieux la multiplier ? Ne diroit-on pas, à les entendre, ces ambitieux métaphysiciens, qu'ils auroient assisté à la création du monde, où au débrouillement du chaos ? Cependant leurs premiers principes ne font que des suppositions hardies, où le génie a bien moins de part, qu'une présomptueuse imagination. Qu'on les appelle, si l'on veut, des grands génies, parce qu'ils ont recherché & se sont vanté de connoître les premières causes ! Pour moi je crois que ceux qui les ont dédaignées, leur seront toujours préférables : & que le succès des Locke, des Boerhaave, & de tous ces hommes sages, qui se sont bornés à l'examen des causes secondes, prouve bien que l'amour-propre est le seul qui n'en tire pas le même avantage, que des premieres.

§. V.

Du sommeil & des rêves.

La cause prochaine du sommeil paroît être l'affaissement des fibres nerveuses qui partent de la substance corticale du cerveau. Cet affaissement peut être produit, non-seulement par l'augmentation du cours des liqueurs qui compriment la moëlle, & par la diminution de cette circulation, qui ne suffit pas pour distendre les nerfs, mais encore par la dissipation, ou l'épuisement des esprits, & par la privation des causes irritantes, qui procure du repos & de la tranquillité, & enfin par le transport d'humeurs épaisses & imméables dans le cerveau. Toutes les causes du sommeil peuvent s'expliquer par cette premiere.

Dans le sommeil parfait, l'ame sensitive est comme anéantie, parce que toutes les facultés de la veille qui lui donnoient des sensations, sont entierement interceptées en cet état de compression du cerveau.

Pendant le sommeil imparfait, il n'y a qu'une partie de ces facultés, qui soit suspendue, ou interrompue, & les sensations qu'elles produisent, sont incomplettes, ou toujours défectueuses en quelque point. C'est par-là qu'on distingue les rêves qui résultent de ces sortes de sensations, d'avec celles qui affectent l'ame au réveil. Les connoissances que nous avons alors avec plus d'exactitude & de netteté, nous découvrent assez la nature des rêves, qui sont formés par un chaos d'idées confuses & imparfaites. Il est rare que l'ame apperçoive en rêvant quelque vérité fixe, qui lui fasse reconnoître son erreur.

Nous avons en rêvant un sentiment intérieur de nous-mêmes, & en même-tems un assez grand délire, pour croire voir, et pour voir en effet clairement une infinité de choses hors de nous; nous agissons, soit que la volonté ait quelque part, ou non, à nos actions. Communément des objets qui nous ont le plus frappés dans le jour, nous apparoiſſent la nuit, & cela eſt également vrai des chiens & des animaux en général. Il ſuit delà que la cauſe immédiate des rêves eſt toute impreſſion forte, ou fréquente, ſur la poſition ſenſitive du cerveau, qui n'eſt point endormie, ou affaiſſée, & que les objets dont on eſt ſi vivement affecté, ſont viſiblement des yeux de l'imagination. On voit encore que le délire qui accompagne les inſomnies & les fievres, vient des mêmes cauſes, & que le rêve eſt une demi-veille, en ce qu'une portion du cerveau demeure libre & ouverte aux traces des eſprits, tandis que toutes les autres ſont tranquilles & fermées. Lorſqu'on parle en rêve, il faut de néceſſité que les muſcles du larinx, de la langue & de la reſpiration, obéiſſent à la volonté, & que par conſéquent la région du *ſenſorium*, d'où partent les nerfs qui vont ſe rendre à ces muſcles, ſoit libre & ouverte, & que ces nerfs même ſoient remplis d'eſprits. Dans les pollutions nocturnes, les muſcles releveurs & accélérateurs agiſſent beaucoup plus fortement, que ſi on étoit éveillé; ils reçoivent conſéquemment une quantité d'eſprits beaucoup plus conſidérable: car quel homme ſans toucher, & peut-être même en touchant une belle femme, pourroit répandre la liqueur de l'accouplement, autant de fois que cela arrive en rêve à des gens ſages, vigoureux ou échauffés? Les hommes & les animaux geſticulent, ſautent, treſſaillent, se plaignent; les écoliers récitent leurs leçons; les prédicateurs déclament leurs sermons, &c. Les mouvemens du corps répondent à ceux qui se passent dans le cerveau.

Il est facile d'expliquer à présent les mouvemens de ceux qu'on appelle *somnambules* ou *noctambules*, parce qu'ils se promenent en dormant. Plusieurs auteurs racontent des histoires curieuses à ce sujet; ils ont vu faire les chûtes les plus terribles, & souvent sans danger.

Il suit de ce qui a été dit touchant les rêves, que les somnambules dorment à la vérité parfaitement dans certaines parties du cerveau, tandis qu'ils sont éveillés dans d'autres, à la faveur desquelles le sang & les esprits, qui profitent des passages ouverts, coulent aux organes du mouvement. Notre admiration diminuera encore plus, en considérant les degrés successifs, qui des plus petites actions faites en dormant, conduisent aux plus grandes & aux plus composées, toutes les fois qu'une idée s'offre à l'ame avec assez de force pour la convaincre de la présence réelle du phantôme que l'imagination lui présente : & alors il se forme dans le corps des mouvemens qui répondent à la volonté que cette idée fait naître. Mais pour ce qui est de l'adresse & des précautions que prennent les somnambules, avons-nous plus de facilité qu'eux, à éviter mille dangers, lorsque nous marchons la nuit dans des lieux inconnus ? La topographie du lieu se peint dans le cerveau du noctambule, il connoît le lieu qu'il parcourt; & le siege de cette peinture est chez lui nécessairement aussi mobile, aussi libre, aussi clair, que dans ceux qui veillent.

§. VI.

Conclusion sur l'être sensitif.

Il y a beaucoup d'autres choses, qui concernent nos connoissances, & qui n'intéressent pas peu notre curiosité ; mais elles sont au-dessus de notre portée : nous ignorons quelles qualités doit acquérir le principe matériel sensitif, pour avoir la faculté immédiate de sentir ; nous ne savons pas si ce principe possede cette puissance dans toute sa perfection, dès le premier instant qu'il habite un corps animé. Il peut bien avoir des sensations plus imparfaites, plus confuses, ou moins distinctes ; mais ces défauts ne peuvent-ils pas venir des autres organes corporels qui lui fournissent ces sensations ? Cette possibilité est du moins facile à établir, puisqu'elles lui sont toutes retranchées par l'interception du cours des esprits durant le sommeil, & que ce même principe sensitif, dans un sommeil léger, ou imparfait, n'a que des sensations incomplettes, quoique par lui-même il soit immédiatement prêt à les recevoir complettes & distinctes. Je ne demande pas ce que devient ce principe à la mort, s'il conserve cette immédiate faculté de sentir, et si dans ce cas d'autres causes que les organes qui agissent sur lui durant la vie, peuvent lui donner des sensations qui le rendent heureux ou malheureux. Je ne demande pas, « si » cette partie, dégagée de ses liens, & conservant » son essence, reste errante, toujours prête à re- » produire un animal nouveau, ou à reparoître » revêtue d'un nouveau corps, après avoir été » dissipée dans l'air, ou dans l'eau, cachée dans » les feuilles des plantes, ou dans la chair des » animaux, elle se retrouveroit dans la semence » de l'animal qu'elle devroit reproduire ? « Je m'in- » quiete peu, » si l'ame capable d'animer de nou- » veaux corps, ne pourroit pas reproduire toutes » les especes possibles par la seule diversité des » combinaisons. » (1) Ces questions sont d'une nature à rester éternellement indécises. Il faut avouer que nous n'avons sur-tout cela aucune lumiere, parce qu'on ne sait rien au-delà de ce que nous apprennent les sensations, qui nous abandon-

---

(1) *Venus physique.*

nent ici ; & par conséquent on ne doit pas se permettre de former là-dessus aucune sorte de conjecture. Un homme d'esprit propose des problêmes, le sot & l'ignorant décident ; mais la difficulté reste toujours pour le philosophe. Soumettons-nous donc à l'ignorance, & laissons murmurer notre vanité. Ce qui me paroît assez vrai, & conforme aux principes établis ci-devant, c'est que les animaux perdent en mourant leur puissance immédiate de sentir, & que par conséquent l'ame sensitive est véritablement anéantie avec eux. Elle n'existoit que par des modifications qui ne sont plus.

CHAPITRE XIII.

Des facultés intellectuelles, ou de l'ame raisonnable.

Les facultés propres à l'ame raisonnable, sont les perceptions intellectuelles, la liberté, l'attention, la réflexion, l'ordre ou l'arrangement des idées, l'examen & le jugement,

§. I.

Des perceptions.

Les perceptions sont les rapports que l'ame découvre dans les sensations qui l'affectent. Les sensations produisent des rapports qui sont purement sensibles, & d'autres qu'on ne découvre que par un examen sérieux. Lorsque nous entendons quelque bruit, nous sommes frappés de trois choses, 1°. du bruit, qui est la sensation : 2°. de la distance de nous à la cause qui fait le bruit, laquelle est distincte de la sensation du bruit, quoiqu'elle n'en soit pourtant qu'une dépendance, relative à la maniere dont ce son nous affecte; & qu'elle ne soit par conséquent qu'une simple perception, mais une perception sensible, parce que c'est le simple sentiment qui nous la donne : 3°. de la maniere dont la cause produit le bruit, en ébranlant l'air qui vient frapper nos oreilles. Mais cette connoissance ne peut s'acquérir que par les recherches de l'esprit ; & ce sont les connoissances de ce dernier genre, qu'on appelle *perceptions intellectuelles*, parce que la simple sensation ne peut nous les donner par elle-même, & qu'il faut, pour les avoir, se replier sur elle, & l'examiner.

Ces perceptions ne se découvrent donc qu'à l'aide des sensations attentivement recherchées ; car lorsque je vois un quarré, je n'y apperçois rien au premier coup d'œil que ce qui frappe les animaux même ; tandis qu'un géometre qui applique tout son génie à découvrir les propriétés de cette figure, reçoit de l'impression que ce quarré fait sur ses sens une infinité de perceptions intellectuelles, qui échappent pour toujours à ceux qui, bornés à la sensation de l'objet, ne voyent pas plus loin que leurs yeux. Concluons donc que cette opération de l'ame, si déliée, si métaphysique, si rare dans la plupart des têtes, n'a d'autre source que la faculté de sentir, mais de sentir en philosophe, ou d'une maniere plus attentive & plus étudiée.

§. II.

De la liberté.

La liberté est la faculté d'examiner attentivement, pour découvrir des vérités, ou de délibérer pour nous déterminer avec raison à agir, ou à ne pas agir. Cette faculté nous offre deux choses à considérer ; 1°. Les motifs qui nous déterminent à examiner ou à délibérer ; car nous ne faisons rien sans quelque impression, qui, agissant sur le fond de l'ame, remue & détermine notre volonté. 2°. Les connoissances qu'il faut examiner pour s'assurer des vérités qu'on cherche, ou les motifs qu'il faut peser ou apprécier pour prendre un parti.

Il est clair que dans le premier cas, ce sont des sensations qui préviennent les premieres démarches de notre liberté, & qui prédéterminent l'ame, sans qu'il s'y mêle aucune délibération de sa part, puisque ce sont ces sensations même qui la portent à délibérer. Dans le second cas, il ne s'agit que d'un examen des sensations, & à la faveur de cette revue attentive, nous pouvons trouver les vérités que nous cherchons, & les constater. Or, il s'agit des différens motifs, ou des diverses sensations, qui nous portent les uns à agir, les autres à ne pas agir. Il eſt donc vrai que la liberté conſiſte auſſi dans la faculté de ſentir.

Je ne veux cependant pas paſſer ſous ſilence une diſpute, qui eſt encore ſans déciſion; l'examen, qui eſt le principal acte de la liberté, exige une volonté déterminée à s'appliquer aux objets qu'on veut exactement connoître, & cette volonté fixe eſt connue ſous le nom d'attention, la mere des ſciences. Or on demande ſi cette même volonté n'exige pas dans l'ame une force par laquelle elle puiſſe ſe fixer & s'aſſujettir elle-même à l'objet de ſes recherches, ou ſi les motifs qui la prédéterminent, ſuffiſent pour fixer & ſoutenir ſon attention.

Non noſtrum inter nos tantas componere lites.

Comme on n'a pu encore s'accorder ſur ce point, il y a toute apparence que toutes les raiſons alléguées de part & d'autre, ne portent point avec elles ce *criterium veritatis*, auquel ſeul acquieſcent les eſprits philoſophiques; c'eſt pourquoi nous ne ferons point de vaines tentatives pour applanir de ſi grandes difficultés. Qu'il nous ſuffiſe de remarquer que dans l'attention, l'ame peut agir par ſa propre force, je veux dire, par ſa force motrice, par cette activité coeſſentielle à la matiere, & que preſque tous les philoſophes, comme on l'a dit, ont comptée au nombre des attributs essentiels de l'être sensitif, & en général de la substance des corps.

Mais ne passons pas si légerement sur l'attention. Les idées qui sont du ressort des sciences sont complexes. Les notions particulieres qui forment ces idées, sont détruites par les flots d'autres idées qui se chassent successivement. C'est ainsi que s'affoiblit & disparoît peu-à-peu l'idée que nous voulons retourner de tous les côtés, dont nous voulons envisager toutes les faces, & graver toutes les parties dans la mémoire. Pour la retenir, qu'y a-t-il donc à faire, si ce n'est d'empêcher cette succession rapide d'idées toujours nouvelles, dont le nombre accable ou distrait l'ame, jusqu'à lui interdire la faculté de penser. Il s'agit donc ici de mettre comme une espece de frein, qui retienne l'imagination, de conserver ce même état du *sensorium commune*, procuré par l'idée qu'on veut saisir & examiner ; il faut détourner entierement l'action de tous les autres objets, pour ne conserver que la seule impression du premier objet qui l'a frappée, & en concevoir une idée distincte, claire, vive, & de longue durée; il faut que toutes les facultés de l'ame, tendues & clairvoyantes vers un seul point, c'est-à-dire, vers la pensée favorite à laquelle on s'attache, soient aveugles partout ailleurs ; il faut que l'esprit assoupisse lui-même ce tumulte qui fe paffe en nous-même malgré nous ; enfin, il faut que l'attention de l'ame foit bandée en quelque forte fur une feule perception, que l'ame y penfe avec complaifance, avec force, comme pour conferver un bien qui lui eft cher. En effet, fi la caufe de l'idée dont on s'occupe, ne l'emporte de quelque degré de force, fur toutes les autres idées, elles entreront de dehors dans le cerveau ; & il s'en formera même au-dedans, indépendamment de celles-là, qui feront des traces nuifibles à nos recherches, jufqu'à les déconcerter & les mettre en déroute. L'attention eft la clef qui peut ouvrir, pour ainfi dire, la feule partie de la moëlle du cerveau, où loge l'idée qu'on veut fe repréfenter à foi-même. Alors fi les fibres du cerveau extrêmement tendues, ont mis une barriere qui ôte tout commerce entre l'objet choifi, & toutes les idées indifcrettes qui s'empreffent à le troubler, il en réfulte la plus claire, la plus lumineufe perception qui foit poffible.

Nous ne penfons qu'à une feule chofe à la fois dans le même temps : une autre idée fuccede à la premiere, avec une vîteffe qu'on ne peut définir, mais qui cependant paroît être différente en divers fujets. La nouvelle idée qui fe préfente à l'ame, en eft apperçue, fi elle fuccede, lorfque la premiere a difparu ; autrement l'ame ne la diftingue point. Toutes nos penfées s'expriment par des mots, & l'esprit ne pense pas plus deux choses à la fois, que la langue ne prononce deux mots. D'où vient donc la vivacité de ceux qui résolvent si vîte les problèmes les plus composés & les plus difficiles ? De la facilité avec laquelle leur mémoire retient comme vraie, la proposition la plus proche de celle qui expose le problême. Ainsi tandis qu'ils pensent à l'onzieme proposition, par exemple, ils ne s'inquietent plus de la vérité de la dixieme ; & ils regardent comme des axiomes, toutes les choses précédentes, démontrées auparavant, & dont ils ont un recueil clair dans la tête. C'est ainsi qu'un grand Médecin voit d'un coup d'œil toutes les causes de la maladie, & ce qu'il faut faire pour les combattre.

Il ne nous reste plus qu'à traiter de la réflexion, de la méditation, & du jugement.

§. III.

De la réflexion, &c.

La réflexion est une faculté de l'ame qui rappelle & rassemble toutes les connoissances qui lui sont nécessaires pour découvrir les vérités qu'elle cherche, ou dont elle a besoin pour délibérer, ou apprécier les motifs qui doivent la déterminer à agir, ou à ne pas agir. L'ame est conduite dans cette recherche par la liaison que les idées ont entr'elles, & qui lui fournissent en quelque maniere le fil qui doit la guider, pour qu'elle puisse se souvenir des connoissances qu'elle veut rassembler, à dessein de les examiner ensuite, & de se décider: en sorte que l'idée dont elle est actuellement affectée, la sensation qui l'occupe au moment présent, la mene peu-à-peu, insensiblement, & comme par la main, à tous les autres qui y ont quelque rapport. D'une connoissance générale, elle passe ainsi facilement aux especes, elle descend jusqu'aux particularités, de même qu'elle peut être conduite par les effets à la cause, de cette cause aux propriétés, & des propriétés à l'être. Ainsi c'est toujours par l'attention qu'elle apporte à ses sensations, que celles dont elle est actuellement occupée, la conduisent à d'autres, par la liaison que toutes nos idées ont entr'elles. Tel est le fil que la nature prête à l'ame pour la conduire dans le labyrinthe de ses pensées, & lui faire démêler le chaos de matiere & d'idées, où elle est plongée.

§. IV.

De l'arrangement des idées.

Avant de définir la méditation, je dirai un mot sur l'arrangement des idées. Comme elles ont entr'elles divers rapports, l'ame n'eſt pas toujours conduite par la plus courte voie dans ſes recherches. Cependant lorſqu'elle eſt parvenue, quoique par des chemins détournés, à ſe rappeler les connoiſſances qu'elle vouloit raſſembler, elle apperçoit entr'elles des rapports qui peuvent la conduire par des ſentiers plus lumineux & plus courts. Elle ſe fixe à cette ſuite de rapports, pour retrouver & examiner ces connoiſſances avec plus d'ordre & de facilité.

Nous voilà donc encore fort en droit d'inférer que l'ame raiſonnable n'agit que comme ſenſitive, même lorſqu'elle réfléchit & travaille à arranger ſes idées.

§. V.

De la méditation, ou de l'examen.

Lorſque l'ame eſt déterminée à faire quelques recherches, qu'elle a recueilli les connoiſſances qui lui ſont néceſſaires, qu'elle les a arrangées & miſes en revue avec ordre, vis-à-vis d'elle-même, elle s'applique ſérieuſement à les contempler avec cet œil fixe qui ne perd pas de vue ſon objet, pour y découvrir toutes les perceptions qui échappent, lorſqu'on n'en a que des ſenſations paſſageres; & c'eſt cet examen qui met l'ame en état de juger, ou de s'assurer des vérités qu'elle pourfuit, ou bien de fentir le poids des motifs qui la doivent décider fur le parti qu'elle doit prendre.

Il eft inutile d'obferver que cette opération de l'ame dépend auffi entierement de la faculté fenfitive, parce qu'examiner, n'eft autre chofe que fentir plus exactement & plus diftinctement, pour découvrir dans les fenfations, les perceptions qui ont pu légerement glifler fur l'ame, faute d'y avoir fait affez d'attention, toutes les autres fois que nous en avons été affectés.

§. VI.

Du jugement.

La plupart des hommes jugent de tout, & ce qui revient au même, en jugent mal. Eft-ce faute d'idées fimples, qui font toutes des notions feules, ifolées? Non; perfonne ne confond l'idée du bleu, avec celle du rouge; mais on fe trompe dans les idées compofées, dont l'effence dépend de l'union de plufieurs idées fimples. On n'attend pas à avoir acquis la perception de toutes les notions qui entrent dans deux idées compofées; il faut pour cela de la patience & de la modeftie; attributs, qui font trop rougir l'orgueil & la pareffe de l'homme.

Mais si la notion de l'idée A, convient avec celle de l'idée B, je juge souvent qu'A & B sont les mêmes, faute de faire attention que la premiere notion n'est qu'une partie de l'idée dans laquelle sont renfermées d'autres notions, qui répugnent à cette conclusion. La volonté même nous trompe beaucoup. Nous avons lié deux idées, par sentiment d'amour, ou de haine ; nous les unissons, quoiqu'elles soient très-différentes, & nous jugeons des idées proposées, non par elles-mêmes, mais par ces idées avec lesquelles nous les avons liées, & qui ne sont pas des notions *componentes* de l'idée qu'il falloit juger, mais des notions tout-à-fait étrangeres & accidentelles à cette même idée. On excuse l'un, & on condamne l'autre, suivant le sentiment dont on est affecté. On est encore trompé par ce vice de la volonté & de l'association des idées, quand, avant de juger, on souhaite que quelqu'idée s'accorde, ou ne s'accorde pas avec une autre ; d'où naît ce goût pour telle secte, ou pour telle hypothese, avec lequel on ne viendra jamais à bout de connoître la vérité.

Comme le jugement est la combinaison des idées, le raisonnement est la comparaison des jugemens. Pour qu'il soit juste, il faut avoir deux idées claires, ou une perception exacte de deux choses ; il faut aussi bien voir la troisieme idée qu'on leur compare, & que l'évidence nous force de déduire affirmativement, ou négativement, de la convenance, ou de la difconvenance de ces idées. Cela fe fait dans un clin-d'œil, quand en voit clair, c'eft-à-dire, quand on a de la pénétration, du difcernement, & de la mémoire.

Les fots raifonnent mal, ils ont fi peu de mémoire, qu'ils ne fe fouviennent pas de l'idée qu'ils viennent d'appercevoir ; ou s'ils ont pu juger de la fimilitude de leurs idées, ils ont déja perdu de vue ce jugement, lorfqu'il s'agit d'en inférer une troifieme idée, qui foit la jufte conféquence des deux autres. Les fous parlent fans liaifon dans leurs idées, ils rêvent, à proprement parler. En ce fens les fots font des efpeces de fous. Ils ne fe rendent pas juftice de croire *n'être qu'ignorans ;* car ils n'ont leur efprit qu'en amour-propre, dédommagement bien entendu de la part de la nature.

Il s'enfuit de notre théorie, que lorfque l'ame apperçoit diftinctement & clairement un objet, elle eft forcée par l'évidence même des fenfations, de confentir aux vérités qui la frappent fi vivement : & c'eft à cet acquiefcement paffif, que nous avons donné le nom de jugement. Je dis *paffif*, pour faire voir qu'il ne part pas de l'action de la volonté, comme le dit Defcartes. Lorfque l'ame découvre avec la même lumiere les avantages qui prévalent dans les motifs qui doivent nous décider à agir, ou à ne pas agir, il est clair que cette décision n'est encore qu'un jugement de la même nature que celui qu'elle fait lorsqu'elle cede à la vérité par l'évidence qui accompagne ses sensations.

Nous ne connoissons point ce qui se passe dans le corps humain, pour que l'ame exerce sa faculté de juger, de raisonner, d'appercevoir, de sentir, &c. Le cerveau change sans cesse d'état, les esprits y font toujours de nouvelles traces, qui donnent nécessairement de nouvelles idées, & font naître dans l'ame une succession continuelle & rapide de diverses opérations. Pour n'avoir point d'idées, il faut que les canaux, où coulent ces esprits, soient entierement bouchés par la pression d'un sommeil très-profond. Les fibres du cerveau se relevent-elles de leur affaissement? Les esprits enfilent les chemins ouverts, & les idées qui sont inséparables des esprits, marchent & galopent avec eux. *Toutes les pensées*, comme l'observe judicieusement Croufaz, *naissent les unes des autres; la pensée* (ou plutôt l'ame dont la pensée n'est qu'un accident) *se varie & passe par différens états; & suivant la variété de ses états & de ses manieres d'être, ou de penser, elle parvient à la connoissance, tantôt d'une chose, tantôt d'une autre. Elle se sent elle-même, elle est à elle-même son objet immédiat; & en se sentant* ainsi, *elle se représente des choses différentes de soi.* Que ceux qui croient que les idées different de la pensée; que l'ame a, comme la vue, ses yeux & ses objets, & qu'en un mot toutes les diverses contemplations de l'ame ne sont pas diverses manieres de se sentir elle-même, répondent à cette sage réflexion.

CHAPITRE XIV.

Que la foi seule peut fixer notre croyance sur la nature de l'ame raisonnable.

Il est démontré que l'ame raisonnable a des fonctions beaucoup plus étendues que l'ame sensitive, bornée aux connoissances qu'elle peut acquérir dans les bêtes, où elle est uniquement réduite aux sensations & aux perceptions sensibles, & aux déterminations machinales, c'est-à-dire, sans délibération qui en résultent. L'ame raisonnable peut en effet s'élever jusqu'aux perceptions, ou aux idées intellectuelles, quoiqu'elle jouisse peu de cette noble prérogative dans la plupart des hommes. Peu, (c'est un aveu que la vérité ne m'arrache pas sans douleur) peu sortent de la sphere du monde sensible, parce qu'ils y trouvent tous les biens, tous les plaisirs du corps, & qu'ils ne sentent pas l'avantage des plaisirs philosophiques, du bonheur même qu'on goûte tant qu'on s'attache à la recherche de la vérité, car l'étude fait plus que la *piété*; non-seulement elle *préserve de l'ennui*, mais elle procure souvent cette espece de volupté, ou plutôt de satisfaction intérieure, que j'ai appelée sensations d'esprit, lesquelles sans doute sont fort du goût de l'amour-propre.

Après

Après cela, est-il donc surprenant que le monde abstrait, intellectuel, où il n'est pas permis d'avoir un sentiment, qu'il ne soit examiné par les plus rigoureux censeurs, est-il surprenant, dis-je, que ce monde soit presque aussi désert, aussi abandonné, que celui de l'illustre fondateur de la secte Cartésienne, puisqu'il n'est habité que par un petit nombre de sages, c'est-à-dire, d'hommes qui pensent (car c'est-là la vraie sagesse, le reste est préjugés)? Eh! qu'est-ce que penser, si ce n'est passer sa vie à cultiver une terre ingrate, qui ne produit qu'à force de soins & de culture? En effet, sur cent personnes, y en a-t-il deux pour qui l'étude & la réflexion ayent des charmes? Sous quel aspect le monde intellectuel, dont je parle, se montre-t-il aux autres hommes, qui connoissent tous les avantages de leurs sens, excepté le principal, qui est l'esprit? On n'aura pas de peine à croire qu'il ne leur paroît dans le lointain qu'un pays idéal, dont les fruits sont purement imaginaires.

C'est en conséquence de cette supériorité de l'ame humaine, sur celle des animaux, que les anciens l'ont appelée ame raisonnable. Mais ils ont été fort attentifs à rechercher, si ces facultés ne venoient pas de celles du corps, qui sont encore plus excellentes dans l'homme. Ils ont d'abord remarqué que tous les hommes n'avoient pas, à beaucoup près, le même degré, la même étendue d'intelligence; & en cherchant la raison de cette différence, ils ont cru qu'elle ne pouvoit dépendre que de l'organisation corporelle, plus parfaite dans les uns que dans les autres, & non de la nature même de l'ame. Des observations fort simples les ont confirmés dans leur opinion. Ils ont vu que les causes qui peuvent produire du dérangement dans les organes, troublent, alterent l'esprit, & peuvent rendre imbécille l'homme du monde qui a le plus d'intelligence & de sagacité.

Delà ils ont conclu assez clairement, que la perfection de l'esprit consiste dans l'excellence des facultés organiques du corps humain : & si leurs preuves n'ont pas été jusqu'ici solidement réfutées, c'est qu'elles portent sur des faits; & à quoi servent en effet, tous les raisonnemens, contre des expériences incontestables & des observations journalieres?

Il faut cependant savoir que quelques-uns ont regardé notre ame, non-seulement comme une *substance spirituelle*, parce que chez eux cette expression ne signifioit qu'une matiere déliée, active, & d'une subtilité imperceptible; mais même comme immatérielle, parce qu'ils distinguoient dans la substance des corps, comme on l'a tant de fois répété, la partie nue, c'est-à-dire, celle qu'ils regardoient simplement comme mobile, & à laquelle ils ne donnoient que le nom de matiere, d'avec les formes actives & senfitives de ces fubftances. Ainfi l'ame n'étoit autrefois décorée des épithetes de *fpirituelle* & d'*immatérielle*, que parce qu'on la regardoit comme la forme, ou la faculté active & fenfitive parfaitement développée, & même elevée au plus haut point de pénétration dans l'homme. On connoît par ce que je viens de dire la véritable origine de la métaphyfique, juftement dégradée de fa chimérique nobleffe.

Plufieurs ont voulu fe fignaler, en foutenant que l'ame raifonnable & l'ame fenfitive formoient deux ames d'une nature reellement diftincte, & qu'il falloit bien fe donner de garde de confondre enfemble. Mais comme il eft prouvé que l'ame ne peut juger que fur les fenfations qu'elle a; l'idée de ces philofophes a paru impliquer une contradiction manifefte, qui a révolté tous les efprits droits & exempts de préjugés. Auffi avons-nous fouvent fait obferver que toutes les opérations de l'ame font totalement arrêtées lorfque fon fentiment eft fufpendu, comme dans toutes les maladies du cerveau, qui bouchent & détruifent toutes les communications d'idées entre ce vifcere & les organes fenfitifs; de forte que plus on examine toutes les facultés intellectuelles en elles-mêmes, plus on demeure fermement convaincu qu'elles font toutes renfermées dans la faculté de fentir, dont elles dépendent si essentiellement, que sans elle, l'ame ne feroit jamais aucune de ses fonctions.

Enfin quelques philosophes ont pensé que l'ame n'est ni matiere, ni corps, parce que considérant la matiere par abstraction, ils l'envisageoient douée seulement de propriétés passives & mécaniques; & ils ne regardoient aussi le corps que comme revêtu de toutes les formes sensibles, dont ces mêmes propriétés peuvent rendre la matiere susceptible. Or, comme ce sont les philosophes qui ont fixé la signification des termes, & que la foi, pour se faire entendre aux hommes, a dû se servir nécessairement du langage même des hommes; delà vient que c'est peut-être en ce sens dont on a abusé, que la foi a distingué l'ame, & de la matiere, & du corps qu'elle habite: & sur ce que les anciens métaphysiciens avoient prouvé que l'ame est une substance active & sensible, & que toute substance est par soi-même impérissable, delà ne semble-t-il pas naturel que la foi ait prononcé en conséquence que l'ame étoit immortelle?

Voilà comme on peut accorder, selon moi, la révélation & la philosophie, quoique celle-ci finisse où l'autre commence. C'est aux seules lumieres de la foi à fixer nos idées sur l'inexplicable origine du mal; c'est à elle à nous développer le juste & l'injuste, à nous faire connoître la nature de la liberté, & tous les secours surnaturels qui en dirigent l'exercice : enfin puisque les théologiens ont une ame si supérieure à celle des philosophes, qu'ils nous disent & nous fassent imaginer, s'ils peuvent, ce qu'ils conçoivent si bien, l'essence de l'ame, & son état après la mort. Car non-seulement la saine & raisonnable philosophie avoue franchement qu'elle ne connoît pas cet être incomparable qu'on décore du beau nom d'ame, & d'attributs divins, & que c'est le corps qui lui paroît penser (1); mais elle a toujours blâmé les philosophes qui ont osé affirmer quelque chose de positif sur l'essence de l'ame, semblable en cela à ces sages académies (2), qui n'admettant que des faits en physique, n'adoptent ni les systêmes, ni les raisonnemens des membres qui les composent.

J'avoue encore une fois que j'ai beau concevoir dans la matiere les parties les plus déliées, les plus subtiles, & en un mot la plus parfaite organisation, je n'en conçois pas mieux que la matiere puisse penser. Mais, 1°. la matiere se meut d'elle-même;

***

(1) *Je suis corps & je pense.* (*Volt.* lett. phil. *sur l'ame.*) Voyez comme il se moque agréablement du raisonnement qu'on fait dans les écoles pour prouver que la matiere (qu'on ne connoît pas) ne peut penser.

(2) Voyez la préface que M. de *Fontenelle* a mise à la tête des *mémoires de l'académie des sciences.*

je demande à ces philosophes, qui semblent avoir assisté à la création, qu'ils m'expliquent ce mouvement, s'ils le conçoivent. 2°. Voilà un corps organisé : que de sentimens s'impriment dans ce corps, & qu'il est difficile d'appercevoir la cause qui les produit ! 3°. Est-il plus aisé de se faire une idée d'une substance qui n'étant pas matiere, ne seroit à la portée ni de la nature, ni de l'art ; qu'on ne pourroit rendre sensible par aucuns moyens ; d'une substance qui ne se connoît pas elle-même, qui apprend & oublie à penser dans les différens âges de la vie ?

Si l'on me permet de parcourir ces âges un moment, nous voyons que les enfans sont des especes d'oiseaux, qui n'apprennent que peu de mots & d'idées à la fois, parce qu'ils ont le cerveau mou. Le jugement marche à pas lents derriere la mémoire; il faut bien que les idées soient faites & gravées dans le cerveau, avant que de pouvoir les arranger & les combiner. On raisonne, on a de l'esprit ; il s'accroit par le commerce de ceux qui en ont, il s'embellit par la communication des idées, ou des connoissances d'autrui. L'adolescence est-elle passée ? Les langues & les sciences s'apprennent difficilement, parce que les fibres peu flexibles n'ont plus la même capacité de recevoir promptement, & de conserver les idées acquises. Le vieillard, *laudator temporis acti*, est esclave des préjugés qui se sont endurcis avec lui. Les vaisseaux rapprochent leurs parois vides, ou font corps avec la liqueur desséchée; tout jusqu'au cœur & au cerveau s'ossifie avec le temps; les esprits se filtrent à peine dans le cerveau & dans le cervelet, les ventricules du cœur n'ont plus qu'un foible coup de piston ; défaut de sang & de mouvement, défaut de parens & d'amis, qu'on ne connoît plus, défaut de soi-même, qu'on ignore. Tel est l'âge décrépit, la nouvelle enfance, la seconde végétation de l'homme, qui finit comme il a commencé. Faut-il pour cela être misantrope & mépriser la vie ? Non, si on a du plaisir à sentir, il n'est point de plus grand bien que la vie ; si on a su en jouir, quoiqu'on en dise, quoique chantent nos poëtes, (1) c'étoit la *peine de naître*, de vivre & de mourir.

Vous avez vu que la faculté sensitive exécute seule toutes les facultés intellectuelles; qu'elle fait tout chez l'homme, comme chez les animaux; que par elle enfin tout s'explique. Pourquoi donc demander à un être imaginaire plus distingué, les raisons de votre supériorité sur tout ce qui respire ? Quel besoin vous faites-vous d'une substance d'une plus haute origine ? Est-ce qu'il est trop humiliant par votre amour-propre, d'avoir tant d'esprit,

---

(1) Rousseau. *Miroir de la vie.*

tant de lumieres, fans en connoître la fource? Non, comme les femmes font vaines de leur beauté, les beaux efprits auront toujours un orgueil qui les rendra odieux dans la fociété; & les philofophes même ne feront peut-être jamais affez philofophes, pour éviter cet écueil univerfel. Au refte, qu'on faffe attention que je ne traite ici que de l'hiftoire naturelle des corps animés, & que pour ce qui ne concerne en rien cette phyfique, il fuffit, ce me femble, qu'un philofophe chrétien fe foumette aux lumieres de la révélation, & renonce volontiers à toutes fes fpéculations, pour chérir une reffource commune à tous les fideles. Oui, fans doute, cela doit fuffire, & par conféquent rien ne peut nous empêcher de pouffer plus loin nos recherches phyfiques, & de confirmer cette théorie des fenfations par des faits inconteftables.

CHAPITRE XV.

Histoires qui confirment que toutes les idées viennent des sens.

HISTOIRE PREMIERE.

D'un sourd de Chartres.

« Un jeune homme, fils d'un artisan, sourd &
» muet de naissance, commença tout d'un coup à
» parler, au grand étonnement de toute la ville.
» On sut de lui que, trois ou quatre mois aupa-
» ravant, il avoit entendu le son des cloches, &
» avoit été extrêmement surpris de cette sensation
» nouvelle & inconnue. Ensuite il lui étoit sorti
» comme une espece d'eau de l'oreille gauche, &
» il avoit entendu parfaitement des deux oreilles.
» Il fut ces trois ou quatre mois à écouter sans
» rien dire, s'accoutumant à répéter tout bas les
» paroles qu'il entendoit, & s'affermissant dans la
» prononciation & dans les idées attachées aux
» mots. Enfin il se crut en état de rompre le silence,
» & il déclara qu'il parloit, quoique ce ne fût
» encore qu'imparfaitement. Aussi-tôt des théolo-
» giens habiles l'interrogerent sur son état passé,
» & leurs principales questions roulerent sur dieu,

» sur l'ame, sur la bonté, ou la malice morale des
» actions. Il ne parut pas avoir poussé ses pensées
» jusques-là. Quoiqu'il fût né de parens catho-
» liques, qu'il assistât à la messe, qu'il fût instruit
» à faire le signe de la croix, & à se mettre à
» genoux dans la contenance d'un homme qui prie,
» il n'avoit jamais joint à cela aucune intention,
» ni compris celles que les autres y joignoient :
» il ne savoit pas bien distinctement ce que c'étoit
» que la mort, & n'y pensoit jamais. Il menoit
» une vie purement animale, toute occupée des
» objets sensibles & présens, & du peu d'idées
» qu'il recevoit par les yeux. Il ne tiroit pas même
» de la comparaison de ces idées, tout ce qui
» semble qu'il auroit pu en tirer. Ce n'est pas qu'il
» n'eût naturellement de l'esprit, (1) mais l'esprit
» d'un homme privé du commerce des autres, est
» si peu cultivé, si peu exercé, qu'il ne pensoit
» qu'autant qu'il étoit indispensablement forcé par
» les objets extérieurs. Le plus grand (2) fond
» des idées des hommes est dans leur commerce
« réciproque ».

---

(1) Ou plutôt la faculté d'en avoir.

(2) Tout le fond. M. de F... l'affirme sans y penser, lorsqu'il dit que ce sourd *n'avoit que les idées qu'il recevoit par les yeux*, car il s'ensuit qu'aveugle, il eût été sans idées.

Cette histoire connue de toute la ville de Chartres, se trouve dans celle de l'académie des sciences (1).

HISTOIRE II.

D'un homme sans idées morales.

DEPUIS plus de quinze ans il y a à l'hôtel de Conti un tourneur de broche, qui n'ayant rien de sourd, si ce n'est l'esprit, répond qu'il a été au potager, lorsqu'on lui demande s'il a été à la messe. Il n'a aucune idée acquise de la divinité, & lorsqu'on veut savoir de lui s'il croit en dieu, le coquin dit que non, & qu'il n'y en a point. Ce fait passe dans cet hôtel pour le *duplicata* de celui de Chartres, auquel pour cette raison je l'ai joint.

HISTOIRE III.

De l'aveugle de Cheselden.

POUR voir, il faut que les yeux soient, pour ainsi dire, à l'unisson des objets. Mais si les parties internes de cet admirable organe n'ont pas leur position naturelle, on ne voit que fort confusé-

---

(3) 1703. p. 1. *de l'hist.*

ment. M. de Voltaire, *élémens de la philosophie de Newton*, *chap*. 6. rapporte que l'aveugle-né, âgé de 14 ans, auquel Chefelden abattit la cataracte, ne vit immédiatement après cette opération, qu'une lumiere colorée, fans qu'il pût *diftinguer un globe d'un cube*, & qu'il n'eut aucune idée d'étendue, de diftance, de figure, &c. Je crois, 1°. que faute d'une jufte pofition dans les parties de l'œil, la vifion devoit fe faire mal ; (pour qu'elle fe rétabliffe, il faut que le criftallin détrôné ait eu le temps de fe fondre, car il n'eft pas néceffaire à la vue.) 2°. S'il voit de la lumiere & des couleurs, il voit par conféquent de l'étendue. 3°. Les aveugles ont le tact fin, un fens profite toujours du défaut d'un autre fens : les houppes nerveufes, non perpendiculaires, comme par-tout le corps, mais paralleles & longitudinalement étendues jufqu'à la pointe des doigts, comme pour mieux examiner un objet, ces houppes, dis-je, qui font l'organe du tact, ont un fentiment exquis dans les aveugles, qui par conféquent acquierent facilement par le toucher les idées des figures, des diftances, &c. Or un globe attentivement confidéré par le toucher, clairement imaginé & conçu, n'a qu'à fe montrer aux yeux ouverts ; il fera conforme à l'image ou à l'idée gravée dans le cerveau ; & conféquemment il ne fera pas poffible à l'ame de ne pas diftinguer cette figure de toute autre, si l'organe dioptrique a l'arrangement interne nécessaire à la vision. C'est ainsi qu'il est aussi impossible aux doigts d'un très-habile anatomiste de ne pas reconnoître les yeux fermés, tous les os du corps humain, de les emboîter ensemble, & d'en faire un squelette, qu'à un parfait musicien de ne pas resserrer sa glotte, au point précis pour prendre le vrai ton qu'on lui demande. Les idées reçues par les yeux se retrouvent en touchant, & celles du tact, en voyant.

D'ailleurs on étoit prévenu pour ce qui avoit été décidé avant cette opération, par Locke, pag. 97. 98. sur le problème du savant Molineux ; c'est pourquoi j'ose mettre en fait de deux choses l'une; ou on n'a pas donné le temps à l'organe dioptrique ébranlé, de se remettre dans son assiette naturelle; ou à force de tourmenter le nouveau voyant, on lui a fait dire ce qu'on étoit bien aise qu'il dît. Car on a, pour appuyer l'erreur, plus d'adresse, que pour découvrir la vérité. Ces *habiles théologiens* qui interrogèrent le sourd de Chartres, s'attendoient à trouver dans la nature de l'homme des jugemens antérieurs à la premiere sensation. Mais dieu qui ne fait rien d'inutile, ne nous a donné aucune idée primitive, même, comme on l'a dit tant de fois, de ses propres attributs; & pour revenir à l'aveugle de Chesselden, ces jugemens lui eussent été inutiles pour distinguer à la vue le globe d'un cube : il n'y avoit qu'à lui donner le temps d'ouvrir les yeux, & de regarder le tableau composé de l'univers. Lorsque j'ouvre ma fenêtre, puis-je au premier instant distinguer les objets ? De même le *pouce* peut paroître *grand comme une maison*, lorsque c'est la premiere fois qu'on apperçoit la lumiere. Ce qu'il y auroit là d'étonnant, c'est qu'un homme qui voit les choses si fort en grand, n'eût aucune perception de grandeur, comme on le dit contradictoirement.

HISTOIRE IV.

Ou méthode d'Amman pour apprendre aux sourds à parler.

VOICI la méthode selon laquelle Amman aprend à parler, en peu de temps, aux sourds & muets de naissance (1). 1°. Le disciple touche le gosier du maître qui parle, pour acquérir, par le tact, l'idée ou la perception du tremblement

---

(1) Celui qui devient sourd dans l'enfance avant que de savoir parler, lire & écrire, devient muet peu-à-peu ; j'ai vérifié cette observation sur deux sœurs sourdes & muettes que j'ai vues au Fort Louis.

des organes de la parole. 2°. Il examine lui-même de la même maniere son propre gosier, & tâche d'imiter les mêmes mouvemens que le toucher lui a déjà fait appercevoir. 3°. Ses yeux lui servent d'oreilles, (selon l'idée d'Amman) c'est-à-dire, il regarde attentivement les divers mouvemens de la langue, de la mâchoire, & des levres, lorsque le maître (1) prononce une lettre. 4°. Il fait les mêmes mouvemens devant un miroir, & les répéte jusqu'à une parfaite exécution. 5°. Le maître serre doucement les narines de son écolier, pour l'accoutumer à ne faire passer l'air que par la bouche. 6°. Il écrit la lettre qu'il fait prononcer, pour qu'on l'étudie, & qu'on la prononce sans-cesse en particulier.

Les sourds ne parlent pas, comme on le croit, dès qu'ils entendent ; autrement nous parlerions tous facilement une langue étrangere, qui ne s'apprend que par l'habitude des organes à la prononcer : ils ont cependant plus de facilité à parler ; c'est pourquoi l'ouïe qu'Amman donne aux sourds, est le grand myftere & la base de son art. Sans doute à force d'agiter le fond de leur gorge, comme ils voient faire, ils sentent à la faveur du canal d'Eustache un tremblement,

---

(2) On commence par les voyelles.

une titillation, qui leur fait distinguer l'air sonore de celui qui ne l'est pas, & leur apprend qu'ils parlent, quoique d'une voix rude & grossiere, qui ne s'adoucit que par l'exercice & la répétition des mêmes sons. Voilà l'origine d'une sensation qui leur étoit inconnue; voilà le modele de la fabrique de toutes nos idées. Nous n'apprenons nous-mêmes à parler, qu'à force d'imiter les sons d'autrui, de les comparer avec les nôtres, & de les trouver enfin ressemblans. Les oiseaux, comme on l'a dit ailleurs, ont la même faculté que nous, le même rapport entre les deux organes, celui de la parole, & celui de l'ouïe.

Un sourd donne de la voix, qu'elle qu'elle soit, dès la premiere leçon d'Amman. Alors tandis que la voix se forme dans le larinx, on lui apprend à tenir la bouche ouverte, autant, & non plus qu'il faut pour prononcer telle ou telle voyelle. Mais comme ces lettres ont toutes beaucoup d'affinité entr'elles, & n'exigent pas des mouvemens fort différens, les sourds, & même ceux qui ne le sont pas, ne tiennent pas la bouche précisément ouverte au point nécessaire; c'est pourquoi ils se trompent dans la prononciation : mais il faut applaudir cette méprise, loin de la relever, parce qu'en tâchant de répéter la même faute (qu'ils ne connoissent pas), ils en font une plus heureuse & donnent enfin le son qu'on demande.

Une

Une physionomie spirituelle, un âge tendre, (1) les organes de la parole bien conditionnés, voilà ce qu'Amman exige de son disciple, & il préfere l'hyver aux autres saisons, parce que l'air, condensé par le froid, rend la parole des sourds beaucoup plus sensible à eux-mêmes. Notre cerveau est originairement une masse informe, sans nulle idée ; il a seulement la faculté d'en avoir, il les obtient de l'éducation, avec la puissance de les lier, & de les combiner ensemble. Cette éducation consiste dans un pur mécanisme, dans l'action de la parole de l'un, sur l'ouïe de l'autre, qui rend les mêmes sons, & apprend les idées arbitraires qu'on a attachées à ces sons : ou pour ne pas quitter nos sourds, dans l'impression de l'air & des sons qu'on leur fait rendre à eux-mêmes machinalement, comme je l'ai dit, sur leur propre nerf acoustique, qui est une des cordes, si l'on me permet de m'exprimer ainsi, à la faveur desquelles les sons & les idées vont se graver dans la substance médullaire du cerveau, & jettent ainsi les premieres semences de l'esprit & de la raison.

---

(1) Depuis huit ans jusqu'à quinze. Plus jeunes, ils sont trop hardis, & ne sentent pas l'utilité de ces leçons ; plus vieux, leurs organes sont engourdis.

Amman a tort de croire que le défaut de la luette empêche de parler. Mr. Aſtruc, (1) & pluſieurs autres auteurs (2) dignes de foi ont des obſervations contraires. Mais il faut d'ailleurs une parfaite organiſation, & comme une communication (qui s'ouvre en quelque ſorte au moindre ſignal) du cerveau, aux nerfs des inſtrumens qui ſervent à parler. Sans ces organes, naturellement bien faits, les ſourds inſtruits par Amman pourroient bien un jour entendre les autres parler, & mettre leurs penſées par écrit, mais ils ne pourroient jamais parler eux-mêmes. Il faut auſſi des organes bien conditionnés, lorſqu'on apprend à un animal à parler, ou qu'on l'inſtruit pour divers uſages. Un ſourd, & par conſéquent muet de naiſſance, peut apprendre à lire & à prononcer un grand nombre de mots dans deux mois. Amman en cite un, qui ſavoit lire & réciter par mémoire l'oraiſon dominicale au bout de quinze jours. Il parle d'un autre enfant qui dans un mois apprit à bien prononcer les lettres, à lire, & à écrire paſſablement : il ſavoit même aſſez bien l'ortographe. Le plus court moyen de l'enſeigner aux ſourds, & de leur faire retenir plus aiſément les

---

(1) *De Morb. Vener.*

(2) Bartholin, Hildanus, Fallope, &c.

idées des mots, c'est de leur faire coudre, ou joindre ensemble les lettres (qu'ils entendent à leur maniere & qu'ils répètent fort exactement) dans leur tête, dans leur bouche, & sur le papier. La difficulté des combinaisons doit être proportionnée à l'aptitude du disciple ; on mêle des voyelles, des consonnes, les unes & les autres, tantôt devant, tantôt derriere : mais dans le commencement on reculeroit, pour vouloir trop avancer. Les idées naissantes de deux ou trois lettres seroient troublées par un plus grand nombre ; l'esprit se replongeroit dans son chaos.

Après les voyelles, on vient au demi-voyelles, & aux consonnes, & aux lettres les plus faciles de ces dernieres, enfin à leurs combinaisons les plus aisées : & lorsqu'on fait prononcer toutes les lettres, on fait lire.

La lettre *M*, séparée de l'*E* muet, qui tient à elle dans la prononciation, s'apprend, par la main que le sourd enfonce dans son gosier, & l'effort qu'il fait pour fermer la bouche, en parlant.

La lettre *N* se prononce en regardant dans le miroir la situation de la langue, & en portant une main au nez du maitre, & l'autre au fond de sa bouche, pour sentir le tremblement du larinx, & comme l'air sonore sort des narines.

Les sourds apprennent la lettre *L* en n'appliquant leur langue qu'aux dents supérieures, incisives &

canines, & à la partie du palais voisine de ces dents : cette action étant faite, on leur fait signe avec la main de faire sortir leur voix par la bouche.

Dans la lettre *R* la voix s'éleve, saute en quelque sorte & se rompt. Il faut du tems pour acquérir la souplesse & la mobilité nécessaire à cette prononciation. Cependant je commence, dit l'auteur, par mettre la main du sourd dans ma bouche, pour qu'il touche en quelque sorte ma prononciation, & apperçoive comme ce son est modifié, & en même temps, il se doit regarder dans un miroir, pour examiner le tremblement & la fluctuation de la langue.

C'est encore dans le miroir, qu'on apprend à rendre sa langue convexe, autant qu'il le faut pour prononcer ensemble *ch*, sur-tout si on examine avec la main comment l'air sort de la bouche.

Pour prononcer *K, T, P,* on fait attention aux mouvemens de la bouche & de la langue du maître, & on examine toujours avec les doigts le mouvement de son gosier.

L'*x* se prononce comme *SK*. Il faut donc savoir combiner deux consonnantes simples, avant que de passer aux consonnantes doubles. Tous les sourds prononcent assez facilement les consonnes simples, & sur-tout la lettre *H*. Elles ne sont qu'un air muet, ou peu sonore, qui en fermant, ou en ouvrant ses conduits, sort successivement, ou tout-à-coup.

Lorsque le disciple fait prononcer séparément chaque lettre de l'alphabet, il faut qu'il s'accoutume à prononcer, la bouche fort ouverte, les consonnes & les demi-voyelles, pour que les levres & les dents ne l'empêchent pas de voir dans le miroir les mouvemens de la langue. Ensuite il doit peu-à-peu s'exercer à les prononcer à toutes sortes d'ouvertures : & lorsqu'enfin on a acquis cette faculté, on prend deux ou trois lettres qu'on tâche de prononcer de suite, ou sans interruption, suivant l'habilité qu'on a déjà.

L'écolier ayant fait ces progrès, lit une ligne d'un livre & répete par cœur les mêmes mots, après que le maitre, qu'il examine attentivement, les a prononcés. D'un coup d'œil par ce moyen, il imite seul les sons qu'il lit, comme s'il les entendoit, parce que l'idée lui en est récente & bien gravée.

Amman remarque que c'est à-peu-près par le même diametre de l'ouverture de la bouche qu'on prononce o, u, e, i, o, e, u, e : m, n, ng, p, t, k : ch, k. Toutes ces lettres sortent du fond du gosier. Ainsi elles sont fort difficiles à distinguer par un sourd. Aussi prononce-t-il mal, jusqu'à ce qu'il a it apprs beaucoup de mots : mais enfin il est de fait qu'il répete avec le temps, & comprend fort bien les difcours d'autrui.

Les *explofives*, *p*, *t*, *k*, ne fe prononcent pas fans quelque élévation apparente du larinx ; elles fe diftinguent par-là des *nafales* m, n, ng. La prononciation des lettres ch , eft fenfible à l'œil ; c'eft comme en lifant, qu'un fourd conçoit ce qu'on lui dit ; il eft bon de lui parler dans la bouche pour mieux fe faire entendre , lorfqu'il s'eft déjà entendu lui-même, comme on l'a dit ; mais on l'inftruit mieux par la vue & le toucher, *aures funt in oculis*, dit fort bien l'auteur du traité *de loquelâ*, p. 102.

Le difciple fait-il enfin lire & parler ? On commence par lui apprendre les noms des chofes qui ont le plus d'ufages , & qui fe préfentent le plus familierement, comme dans l'éducation de tous les enfans; les fubftantifs, adjectifs, les verbes, les adverbes , les conjonctions , les déclinaifons, les conjugaifons , & les contractions particulieres de la langue qu'on enfeigne.

Amman finit fon petit, mais excellent traité, par donner l'art de corriger tous les défauts du langage, mais je ne le fuivrai pas plus loin. Cette méthode eft d'autant plus au-deffus du *Bureau Typographique*, & du *Quadrille des enfans* , qu'un fourd-né, plus animal qu'un enfant , a par fon feul inftinct déjà appris à parler. Le favant maître des sourds apprend à la fois & en peu de tems à parler, à lire, & à écrire suivant les regles de l'ortographe : & tout cela, comme vous voyez, machinalement, ou par des signes sensibles, qui font la voie de communication de toutes les idées. Voilà un de ces hommes dont il est fâcheux que la vie ne soit pas proportionnée à l'utilité dont elle est au public.

§. I

Réflexions sur l'éducation.

Rien ne ressemble plus aux disciples d'Amman, que les enfans ; il faut donc les traiter à-peu-près de la même maniere. Si on veut imprimer trop de mouvement dans les muscles, & trop d'idées, ou de sensations dans le cerveau des sourds, la confusion se met dans les uns & dans les autres. De même la mémoire d'un enfant, le discernement qui ne fait que d'éclore, sont fatigués de trop d'ouvrage. La foiblesse des fibres & des esprits exige un repos attentif. Il faut donc, 1°. ne pas devancer la raison, mais profiter du premier moment qu'on la voit paroître, pour fixer dans l'esprit le sens des mots appris machinalement. 2°. Suivre à la piste les progrès de l'ame, voir comment la raison se développe, en un mot observer exactemement à quel degré on doit arrêter, pour ainsi dire, le thermometre du petit jugement des enfans, afin de proportionner à sa sphere, successivement augmentée, l'étendue des connoissances dont il faut l'embellir & le fortifier ; & de ne faire travailler l'esprit, ni trop, ni trop peu. 3°. De si tendres cerveaux sont comme une cire molle dont les impressions ne peuvent s'effacer, sans perdre toute la substance qui les a reçues ; delà les idées fausses, les mots vuides de sens : les préjugés demandent dans la suite une refonte, dont peu d'esprits sont susceptibles, & qui dans l'âge turbulent des passions devient presque impossible. Ceux qui sont chargés d'instruire un enfant, ne doivent donc jamais lui imprimer que des idées si évidentes, que rien ne soit capable d'en éclipser la clarté. Mais pour cela il faut qu'ils en ayent eux-mêmes de semblables, ce qui est fort rare. On enseigne, comme on a été enseigné, & delà cette infinie propagation d'abus & d'erreurs. La prévention pour les premieres idées est la source de toutes ces maladies de l'esprit. On les a acquises machinalement, & sans y prendre garde, en se familiarisant avec elles on croit que ces notions sont nées avec nous. Un célebre abbé de mes amis, métaphysicien de la premiere force, croyoit que tous les hommes étoient musiciens nés ; parce qu'il ne se souvenoit pas d'avoir appris les airs avec lesquels sa nourrice l'endormoit. Tous les hommes font dans la même erreur ; & comme on leur a donné à tous les mêmes idées, s'ils ne parloient tous que françois, ils feroient de leur langue le même phantôme que de leurs idées. Dans quel chaos, dans quel labyrinthe d'erreurs & de préjugés, la mauvaise éducation nous plonge ! Et qu'on a grand tort de permettre aux enfans des raisonnemens sur des choses dont ils n'ont point d'idées, ou dont ils n'ont que des idées confuses !

HISTOIRE V.

D'un enfant trouvé parmi des ours.

UN jeune enfant, âgé de dix ans, fut trouvé l'an 1694 parmi un troupeau d'ours dans les forêts qui sont aux confins de la Lithuanie & de la Russie. Il étoit horrible à voir, il n'avoit ni l'usage de la raison, ni celui de la parole : sa voix & lui-même n'avoient rien d'humain, si ce n'est la figure extérieure du corps. Il marchoit sur les mains & sur les pieds comme les quadrupedes : séparé des ours il sembloit les regretter ; l'ennui & l'inquiétude étoient peints sur sa physionomie, lorsqu'il fut dans la société des hommes ; on eût dit un prisonnier, (& il se croyoit tel) qui ne cherchoit qu'à s'enfuir, jusqu'à ce qu'ayant appris à lever ses mains contre un mur, & enfin à se tenir debout sur ses pieds, comme un enfant, ou un petit chat, & s'étant peu-à-peu accoutumé aux aliments des hommes, il s'apprivoisa enfin après un long espace de temps, & commença à proférer quelques mots d'une voix rauque, & telle que je l'ai dépeinte. Lorsqu'on l'interrogeoit sur son état sauvage, sur le temps que cet état avoit duré, il n'en avoit pas plus de mémoire, que nous n'en avons de ce qui s'est passé, pendant que nous étions au berceau.

Conor, (1) qui raconte cette histoire arrivée en Pologne, pendant qu'il étoit à Varsovie à la cour de Jean Sobieski, alors sur le trône, ajoute que le roi même, plusieurs sénateurs, & quantité d'autres habitans du pays dignes de foi, lui assurerent comme un fait constant, & dont personne ne doute en Pologne, que les enfans sont quelquefois nourris par des ourses, comme Rémus & Romulus le furent, dit-on, par une louve. Qu'un enfant soit à sa porte, ou proche d'une haie, ou laissé par imprudence seul dans un champ, tandis qu'un ours affamé pâture dans le voisinage, il est aussi-tôt dévoré & mis en pieces; mais s'il est pris par une ourse qui allaite, elle le porte où sont ses petits, auxquels elle ne sert pas plus de mere & de

---

(1) P. 133, 134, 135. *Evang. Med.*

nourrice, qu'à l'enfant même, qui quelques années après est quelquefois apperçu & pris par les chasseurs.

Conor cite une aventure semblable à celle dont il a été témoin, qui arriva dans le même lieu (à Varsovie) en 1669, & qui se passa sous les yeux de M. Wanden nommé Brande de Cleverskerk, ambassadeur en Angleterre l'an 1699. Il décrit ce cas, tel qu'il lui a été fidelement raconté par cet ambassadeur, dans son traité du gouvernement du royaume de Pologne.

J'ai dit que ce pauvre enfant dont parle Conor, ne jouissoit d'aucunes lumieres de la raison; la preuve en est qu'il ignoroit la misere de son état; & qu'au lieu de chercher le commerce des hommes, il les fuyoit, & ne désiroit que de retourner avec ses ours. Ainsi, comme le remarque judicieusement notre historien, cet enfant vivoit machinalement, & ne pensoit pas plus qu'une bête, qu'un enfant nouveau-né, qu'un homme qui dort, qui est en léthargie, ou en apoplexie.

CHAPITRE VI.

Des hommes sauvages, appellés satyres.

Les hommes sauvages, (1) assez communs aux Indes & en Afrique, sont appellés *orang-outang* par les indiens, & *Quoias morrou* par les africains.

Ils ne sont ni gras ni maigres; ils ont le corps quarré, les membres si trapus & si musculeux, qu'ils sont très-vites à la course, & ont une force incroyable. Au-devant du corps ils n'ont de poil en aucun endroit; mais par derriere, on diroit voir une forêt de crins noirs dont tout le dos est couvert & hérissé. La face de ces animaux ressemble au visage de l'homme : mais leurs narines sont camuses & courbées, & leur bouche est ridée & sans dents.

Leurs oreilles ne different en rien de celles des hommes, ni leur poitrine : car les satyres femelles ont de fort gros tetons, & les mâles n'en ont pas plus qu'on n'en voit communément aux hommes. Le nombril est fort enfoncé, & les membres supé-

---

(1) Il y a deux ans qu'il parut à la foire Saint-Laurent un grand singe, semblable au satyre de Tulpius,

rieurs & inférieurs reſſemblent à ceux de l'homme, comme deux gouttes d'eau, ou un œuf à un autre œuf.

Le coude eſt articulé comme le nôtre; ils ont le même nombre de doigts, le pouce fait comme celui de l'homme, des mollets aux jambes, & une baſe à la plante du pied, fur laquelle tout leur corps porte comme le nôtre, lorſqu'ils marchent à notre maniere, ce qui leur arrive ſouvent.

Pour boire, ils prennent fort bien d'une main l'anſe du gobelet, & portent l'autre au fond du vaſe; enſuite ils eſſuyent leurs levres avec la plus grande propreté. Lorſqu'ils ſe couchent, ils ont auſſi beaucoup d'attention & de délicateſſe, ils ſe ſervent d'oreiller & de couverture dont ils ſe couvrent avec un grand ſoin, lorſqu'ils ſont apprivoiſés. La force de leurs muſcles, de leur ſang & de leurs eſprits, les rend braves & intrépides, comme nous-mêmes : mais tant de courage eſt réſervé aux mâles, comme il arrive encore dans l'eſpece humaine. Souvent ils ſe jettent avec fureur ſur les gens même armés, comme ſur les femmes & les filles, auxquelles ils font à la vérité de plus douces violences. Rien de plus laſcif, de plus impudique & de plus porté à la fornication, que ces animaux. Les femmes de l'Inde ne ſont pas tentées deux fois d'aller les voir dans les cavernes, où ils se tiennent cachés. Ils y font nuds; & y font l'amour avec auſſi peu de préjugés que les chiens.

Pline, S. Jérôme & autres nous ont donné d'après les anciens, des deſcriptions fabuleuſes de ces animaux laſcifs, comme on en peut juger, en les comparant avec celle-ci. Nous la devons à Tulpius médecin d'Amſterdam. (1) Cet auteur ne parle du ſatyre qu'il a vu, que comme d'un animal; il n'eſt occupé qu'à décrire les parties de ſon corps, ſans faire mention s'il parloit & s'il avoit des idées. Mais cette parfaite reſſemblance qu'il reconnoit entre le corps du ſatyre & celui des autres hommes, me fait croire que le cerveau de ce prétendu animal eſt originairement fait pour ſentir & penſer comme les nôtres. Les raiſons d'analogie ſont chez eux beaucoup plus fortes que chez les autres animaux.

Plutarque parle d'un ſatyre qui fut pris en dormant, & amené à Sylla: la voix de cet animal reſſembloit au henniſſement des chevaux & au bêlement des boucs. Ceux qui dès l'enfance ont été égarés dans les forêts, n'ont pas la voix beaucoup plus claire & plus humaine; ils n'ont pas une ſeule idée, comme on l'a vu dans le fait rapporté par

---

(1) *Obſervat. Med. Ed. d. Elzev.* L. III. C. LVI. p. 270.

Conor, je ne dis pas de morale, mais de leur état, qui a passé comme un songe, ou plutôt, suivant l'expression proverbiale, comme un rêve à la suisse, qui pourroit durer cent ans sans nous donner une seule idée. Cependant ce sont des hommes, & tout le monde en convient. Pourquoi donc les satyres ne seroient-ils que des animaux? S'ils ont les instrumens de la parole bien organisés, il est facile de les instruire à parler & à penser, comme les autres sauvages: je trouverois plus de difficulté à donner de l'éducation & des idées aux sourds de naissance.

Pour qu'un homme croie n'avoir jamais eu de commencement, il n'y a qu'à le séquestrer de bonne-heure du commerce des hommes; rien ne pouvant l'éclairer sur son origine, il croira non-seulement n'être point né, mais même ne jamais finir. Le sourd de Chartres qui voyoit mourir ses semblables, ne savoit pas ce que c'étoit que la mort: car n'en pas avoir une perception *bien distincte*, comme M. de F. en convient, c'est n'en avoir aucune idée. Comment donc se pourroit-il faire qu'un sauvage qui ne verroit mourir personne, sur-tout de son espece, ne se crût pas immortel?

Lorsqu'un homme sort de son état de bête, & qu'on l'a assez instruit, pour qu'il commence à réfléchir, comme il n'a point pensé durant le cours de sa vie sauvage, toutes les circonstances de cet état font perdues pour lui : il les écoute, comme nous écoutons ce qu'on nous raconte de notre enfance, qui nous paroîtroit une vraie fable, fans l'exemple de tous les autres enfans. La naiffance & la mort, nous paroitroient également des chimeres, fans ceux qu'on voit naître & mourir.

Les fauvages, qui fe fouviennent de la variété des états, par où ils ont paffé, n'ont été égarés qu'à un certain point ; auffi les trouve-t-on marchant comme les autres hommes fur les pieds feulement. Car ceux qui depuis leur origine ont long-temps vécu parmi les bêtes, ne fe fouviennent point d'avoir exifté dans la fociété d'autres êtres: leur vie fauvage, quelque longue qu'elle ait été, ne les a pas ennuyés, elle n'a duré pour eux qu'un inftant, comme on l'a déjà dit ; enfin ils ne peuvent fe perfuader qu'ils n'ont pas toujours été tels qu'ils fe trouvent au moment qu'on leur ouvre les yeux fur leur mifere, en leur procurant des fenfations inconnues, & l'occafion de fe replier fur ces fenfations.

Toute la Hollande a eu le plaifant fpectacle d'un enfant, abandonné dans je ne fais quel défert, élevé & trouvé enfin parmi des chevres fauvages. Il fe traînoit & vivoit comme ces animaux ; il avoit les mêmes goûts, les mêmes inclinations, les mêmes fons de voix : la même imbécillité étoit peinte fur fa phyfionomie. M. Boerhaave, qui nous

faifoit

faisoit cette histoire en 1733, l'a, je crois, tirée du bourgmestre Tulpius.

On parloit beaucoup à Paris, quand j'y publiai la premiere édition de cet ouvrage, d'une fille sauvage qui avoit mangé sa sœur, & qui étoit alors au couvent à Châlons en Champagne. Mg^r. le maréchal de Saxe m'a fait l'honneur de me raconter bien des particularités de l'histoire de cette fille. Mais elles sont plus curieuses que nécessaires, pour comprendre & expliquer ce qu'il y a de plus surprenant dans tous ces faits. Un seul suffit pour donner la clef de tous les autres ; au fond, ils se ressemblent tous, comme toutes nos observations de médecine sur un même sujet, dont une bonne théorie facilite beaucoup mieux l'intelligence, que tous les livres de ces docteurs ciniques & bornés.

§. VII.

Belle conjecture d'Arnobe, *qui vient à l'appui de tous ces faits.*

J'ai rapporté plusieurs (1) faits, que le hasard, ou un art admirable, ont fourni aux Fontenelle,

---

(1) Je n'ai oublié que *l'aveugle-né* de la Motte le Vayer; mais cet oubli n'est pas de conséquence, par la raison que j'ai donnée.

aux Chefelden, aux Locke, aux Amman, aux Tulpius, aux Boerhaave, aux Conor, &c. Je paffe à préfent à ce qui m'a paru digne de les couronner; c'eft une belle conjecture d'Arnobe, laquelle porte vifiblement fur des obfervations qu'il avoit eu occafion de faire, quoiqu'il n'en dife qu'un mot en paffant.

Faifons, dit-il, (1) un trou en forme de lit, dans la terre, qu'il foit entouré de murs, couvert d'un toit ; que ce lieu ne foit ni trop chaud, ni trop froid : qu'on n'y entende abfolument aucun bruit : imaginons les moyens de n'y faire entrer qu'une pâle lueur entrecoupée de ténebres. Qu'on mette un enfant nouveau-né dans ce fouterrain : que fes fens ne foient frappés d'aucuns objets; qu'une nourrice nue, en filence, lui donne fon lait & fes foins. A-t-il befoin d'alimens plus folides ? qu'ils lui foient portés par la même femme : qu'ils foient toujours de même nature, tels que le pain & l'eau froide, bue dans le creux de la main. Que cet enfant, forti de la race de Platon ou de Pithagore, quitte enfin fa folitude à l'âge de vingt, trente ou quarante ans ; qu'il paroiffe dans l'affemblée des mortels : qu'on lui demande, avant qu'il ait appris à penfer & à parler, ce qu'il eft lui-même, quel eft fon pere, ce qu'il a fait, ce qu'il a penfé,

---

(1) *Adverf. Gent. L. II.*

comment il a été nourri & élevé jusqu'à ce temps. Plus stupide qu'une bête, il n'aura pas plus de sentiment que le bois ou le caillou ; il ne connoîtra ni la terre, ni la mer, ni les astres, ni les météores, ni les plantes, ni les animaux. S'il a faim, faute de sa nourriture ordinaire, ou plutôt faute de connoître tout ce qui peut y suppléer, il se laissera mourir. Entouré de feu, ou de bêtes vénimeuses, il se jettera au milieu du danger, parce qu'il ne sait encore ce que c'est que la crainte. S'il est forcé de parler, par l'impression de tous ces objets nouveaux, dont il est frappé, il ne sortira de sa bouche béante, que des sons inarticulés, comme *plusieurs ont coutume de faire en pareil cas*. Demandez-lui, non des idées abstraites & difficiles de métaphysique, de morale ou de géométrie, mais seulement la plus simple question d'arithmétique ; il ne comprend pas ce qu'il entend, ni que votre voix puisse signifier quelque chose, ni même si c'est à lui, ou à d'autres, que vous parlez. Où est donc cette portion immortelle de la divinité ? Où est cette ame, qui entre dans le corps, si docte & si éclairée, & qui par le secours de l'instruction ne fait que se rappeler les connoissances qu'elle avoit infuses ? Est-ce donc là cet être si raisonnable & si fort au-dessus des autres êtres ? Hélas ! oui, voilà l'homme ; il vivroit éternellement séparé de la société, sans acquérir une seule idée. Mais polissons ce diamant brut, envoyons ce vieux enfant à l'école, *quantum mutatus ab illo!* l'animal devient homme, & homme docte & prudent. N'est-ce pas ainsi, que le bœuf, l'âne, le cheval, le chameau, le perroquet apprennent, les uns à rendre divers services aux hommes, & les autres à parler, & peut-être (si, comme Locke, on pouvoit croire le chevalier Temple) à faire une conversation suivie.

Jusqu'ici Arnobe, que j'ai librement traduit & abrégé. Que cette peinture est admirable dans l'original ! C'est un des plus beaux morceaux de l'antiquité.

Conclusion de l'Ouvrage.

Point de sens, point d'idées.

Moins on a de sens, moins on a d'idées.

Peu d'éducation, peu d'idées.

Point de sensations reçues, point d'idées.

Ces principes sont les conséquences nécessaires de toutes les observations & expériences, qui sont la base inébranlable de cet ouvrage. Donc l'ame dépend essentiellement des organes du corps, avec lesquels elle se forme, croit, décroît. *Ergo participem leti quoque convenit esse.* (1).

---

(1) Lucret. *de Nat. Rer.*

ABRÉGÉ
DES
SYSTÊMES.

Mundum tradidit difputationibus eorum.

ABRÉGÉ
DES
SYSTÈMES
POUR FACILITER
L'INTELLIGENCE
DU TRAITÉ
DE L'AME.

§. I.

DESCARTES.

Descartes a purgé la philofophie de toutes ces expreffions *onthologiques*, par lefquelles on s'imagine pouvoir rendre intelligibles les idées abftraites de l'être. Il a diffipé ce cahos, & a donné le modele de l'art de raifonner avec plus de jufteffe, de clarté & de méthode. Quoiqu'il n'ait point fuivi lui-même fa propre méthode, nous lui devons l'esprit philosophique qui va dans un moment remarquer toutes ses erreurs, & celui qu'on fait aujourd'hui régner dans tous les livres. Que d'ouvrages bien faits depuis Descartes ! Que d'heureux efforts depuis les siens ! Ses plus frivoles conjectures ont fait naître l'idée de faire mille expériences, auxquelles on n'auroit peut-être jamais songé. Il est donc permis aux esprits vifs, ardens à inventer, de dévancer par leurs spéculations, quelque inutiles qu'elles soient en elles-mêmes, l'expérience même qui les détruit. C'est risquer d'être utile, du moins indirectement.

2. Ceux qui disent que Descartes ne fût pas un grand géomètre, peuvent, comme dit M. de Voltaire, (*lettre sur* l'ame, 73. 74.) se reprocher de battre leur nourrice. Mais on voit, par ce que je dis plus loin au sujet de la géométrie, qu'il ne suffit pas d'être un grand géomètre, pour être, à juste titre, qualifié de génie.

3. Après la méthode & les ouvrages géométriques de ce philosophe, on ne trouve plus que des systêmes, c'est-à-dire, des imaginations, des erreurs. Elles sont si connues, qu'il suffira, ce me semble, de les exposer. Descartes avoue, comme Locke, qu'il n'a eu aucune idée de l'être & de la substance, & cependant il la définit. (*Déf. 6. de ses médit. Rép. aux* 2. *object. à la* 2. *des* 3e. *& aux* 4e.) Il

fait consister l'essence de la matiere qu'il ne connoît pas, dans l'étendue solide; & lorsqu'on lui demande ce que c'est que le corps, ou la substance étendue, il répond que c'est une substance composée de plusieurs autres substances étendues, qui le sont encore elles-mêmes de plusieurs autres semblables. Voilà une définition bien claire & bien expliquée. Avec cette étendue, Descartes n'admet que du mouvement dans les corps. Dieu est la cause premiere de ce mouvement; comme Descartes est l'auteur de ces loix reconnues pour fausses, & que les Cartésiens même corrigent tous les jours dans leurs ouvrages. On explique tous les phénomenes par ces deux seules propriétés, l'étendue matérielle, & le mouvement communiqué sans cesse immédiatement par la force divine. On imagine non-seulement qu'il n'y a que trois sortes de particules, ou de matiere dans le monde, *subtilis*, *globulosa*, *stricta*, mais on décide de quelle maniere dieu a mis chacune d'elles en mouvement. Ces particules remplissent tellement le monde, qu'il est absolument plein. Sans Newton, ou plutôt sans la physique, la mécanique & l'astronomie, adieu le vuide des anciens! On fabrique des tourbillons & des cubes, qui expliquent tout, jusqu'à ce qui est inexplicable, la création. Voilà le poison, voici l'antidote. L'auteur avoue dans son *L. des princip.* art. 9. que son système pourroit bien n'être pas vrai, & qu'il ne lui paroît pas tel à lui-même. Que pouvoit-il donc penser de son risible traité *de form. fœt.*

4. Descartes est le premier qui ait admis un principe moteur, différent de celui qui est dans la matiere, connu, comme on l'a dit au commencement du T. de l'A., sous le nom de force motrice, ou de forme active. Mallebranche convient lui-même de ce que j'avance pour en faire honneur à Descartes. Aristote & tous les anciens (excepté les Epicuriens, qui par un intérêt hypothétique n'avoient garde d'admettre aucun principe moteur, ni matériel, ni immatériel) reconnurent la force motrice de la matiere, sans laquelle on ne peut compléter l'idée des corps. Mallebranche (L. VI. p. 387. *in-*4°. 1678.) convient du fait, & à plus forte raison Léibnitz, dont on parlera à son article. Enfin si vous lisez Goudin, p. 21. 165-167. 264. &c. tom. II. édit. Barbay, *comment. in Arist. phys.* p. 121-123. & autres scholastiques, vous verrez que la force motrice de la matiere a été enseignée dans tous les temps dans nos écoles chrétiennes. *Ratio principii activi*, dit Goudin, *convenit substantiis corporeis, & independent affectiones corporum quæ cernuntur in modo.*

5. Descartes écrit à la fameuse princesse palatine Elisabeth, qu'on n'a aucune assurance du destin de l'ame après la mort : il définit la pensée, *art. 23.* toute connoissance, tant sensitive, qu'intellectuelle.

Ainsi penser, selon Descartes, c'est sentir, imaginer, vouloir, comprendre; & lorsqu'il fait consister l'essence de l'ame dans la pensée; lorsqu'il dit c'est une substance qui pense, il ne donne aucune idée de la nature de l'ame; il ne fait que le dénombrement de ses propriétés, qui n'a rien de si révoltant. Chez ce philosophe, l'ame spirituelle, inétendue, immortelle, sont de vains sons pour endormir les Argus de Sorbonne. Tel a été encore son but, lorsqu'il a fait venir l'origine de nos idées de dieu même immédiatement. *Quâ quæso ratione*, dit le professeur en théologie que je viens de citer, *Cartesius demonstravit ideas rerum esse immediato à deo nobis inditas & non à sensibus acceptas, sicuti docent Aristoteles, divus Thomas, ac primates theologi ac philosophi? .... cur anima non esset corporea licet supra suam cogitationem reflectendo in ea corporeitatem non adverteret, & quid non potest, qui omnia potuit?* M. Goudin ne se seroit point si fort emporté contre Descartes, s'il l'eût aussi bien entendu que le medecin Lamy, qui le soupçonne avec raison d'être un adroit matérialiste: & si M. Deslandes (*histoire de la philosophie, tom. II.* à l'article de *l'immortalité de l'ame*) eût aussi solidement réfléchi qu'il a coutume de faire, il n'eût pas avancé témérairement que Descartes est *le premier qui ait bien éclairci les preuves de ce dogme; qui ait bien fait distinguer l'ame du corps, les substances spirituelles, de celles qui ne le font pas* ; il ne s'en feroit pas fié aux quatre propositions qu'il rapporte, & qui loin de rien *éclaircir*, font aussi obscures que la question même. Un être inétendu ne peut occuper aucun espace, & Descartes, qui convient de cette vérité, recherche sérieusement le siege de l'ame, & l'établit dans la glande pinéale. Si un être sans aucunes parties pouvoit être conçu exister réellement quelque part, ce seroit dans le vuide, & il est banni de l'hypothese Cartésienne. Enfin ce qui est sans extension, ne peut agir sur ce qui en a une. A quoi servent donc les causes occasionnelles, par lesquelles on explique l'union de l'ame & du corps ? Il est évident par-là que Descartes n'a parlé de l'ame, que parce qu'il étoit forcé d'en parler, & d'en parler de la maniere qu'il en a parlé, dans un temps où son mérite même étoit plus capable de nuire à sa fortune, que de l'avancer. Descartes n'avoit qu'à ne pas rejeter les propriétés frappantes dans la matiere, & transporter à l'ame la définition qu'il a donnée de la matiere, il eût évité mille erreurs ; & nous n'eussions point été privés des grands progrès que cet excellent esprit eût pu faire, si au lieu de se livrer à de vains systèmes, il eût toujours tenu le fil de sa géométrie, & ne se fût point écarté de sa propre méthode. Encore, hélas ! ce fil est-il un bien mauvais guide. Il a égaré Spinosa, qui n'est qu'un outré Cartésien.

§. II.

MALLEBRANCHE.

1°. M ALLEBRANCHE, après avoir distingué la substance de ses modifications, & défini ce dont il n'a point d'idée, l'essence des choses, (*V. rech. de la vérit.* l. 3. c. 1. 2 part. c. 7. 8.) fait consister celle de la matiere dans l'étendue, comme avoit fait Descartes en habile Cartésien, il déploie toute sa force & son éloquence contre les sens ; qu'il imagine *toujours trompeurs* : il nie aussi le vuide, met l'essence de l'ame dans la pensée (L. 3. p. 1. c. 1. &c) qui n'est qu'un *mode*.

2°. Quoiqu'il admette dans l'homme deux substances distinctes, il explique les facultés de l'ame par celles de la matiere (L. 1. c. 1. l. 3. c. VIII.) sur une idée fausse du mot *pensée*, dont il fait une substance, il croit qu'on pense toujours, & que lorsque l'ame n'a pas *conscience* de ses pensées, c'est alors qu'elle pense le plus, parce qu'on a toujours l'idée de l'être en général. (L. 3. c. 2. p. 1. c. 8.) Il définit l'entendement, « la faculté de
» recevoir différentes idées ; & la volonté, celle
» de recevoir différentes inclinations (L. 1. c. 1.) ;
» ou, si l'on veut, une impression naturelle qui
» nous porte vers le bien en général, l'unique

» amour (L. 4. c. 1.) que dieu nous imprime : &
» la liberté, eſt la force qu'a l'eſprit de déterminer
» cette impreſſion divine vers les objets qui nous
» plaiſent. Nous n'avons cependant, ajoute-t-il,
» ni idée claire, ni même ſentiment intérieur de
» cette égalité de mouvement vers le bien » : &
c'eſt de ce défaut d'idées qu'il part pour donner
les définitions que je viens de rapporter, auxquelles
on s'apperçoit effectivement que l'auteur manque
d'idées.

3°. Mallebranche eſt le premier des philoſophes
qui ait mis fort en vogue les eſprits animaux, mais
comme une hypotheſe, car il n'en prouve nulle
part l'exiſtence d'une maniere invincible. Cela
étoit réſervé aux médecins, & principalement à
Boerhaave, le plus grand théoréticien de tous.

4°. Je viens au fond du ſyſtême principal du P.
Mallebranche. Le voici :

« Les objets que l'ame apperçoit, ſont dans
» l'ame, ou hors de l'ame; les premiers ſe voient
» dans le miroir de nos ſentimens; & les autres
» dans leurs *idées* (L. 3. c. 1. p. 2.); c'eſt-à-dire,
» non eux-mêmes, ni dans les idées, ou images
» qui nous en viennent par les ſens (L. 3. c. 14.
» p. 2. c. IX), mais dans quelque choſe qui étant
» intimement uni à notre ame, nous repréſente
» les corps externes. Cette choſe eſt dieu. Il eſt
» très-étroitement uni à nos ames par ſa préſence :

» cette préfence claire, intime, néceffaire de dieu
» agit fortement fur l'efprit. On ne peut fe défaire
» de l'idée de dieu. Si l'ame confidere un être
» en particulier, alors elle s'approche de quelques-
» unes des perfections divines, en s'éloignant des
» autres, qu'elle peut aller chercher le moment
» fuivant. (L. 3. p. 2. v. VI.)

» Les corps ne font vifibles que par le moyen de
» l'étendue. Cette étendue eft infinie, fpirituelle,
» néceffaire, immuable (fouvent M. en parle
» comme d'une étendue compofee.); c'eft un des
» attributs de dieu. Or tout ce qui eft en dieu eft
» dieu; c'eft donc en dieu que je vois les corps. Je
» vois clairement l'infini, en ce fens que je vois
» clairement qu'il n'a point de bout. Je ne puis
» voir l'infini dans les êtres finis; donc, &c. Donc
» l'idée de dieu ne fe préfente à mon ame, que
» par fon union intime avec elle. Donc il n'y a
» que dieu qu'on connoiffe par lui-même, comme
» on ne connoît tout que par lui.

» Comme tout ce qui eft en dieu eft très-fpiri-
» tuel, très-intelligible & très-préfent à l'efprit;
» delà vient que nous voyons les corps fans peine,
» dans cette idée que dieu renferme en foi, & que
» j'appelle *l'étendue*, ou *le monde intelligible*. Ce
» monde ne repréfente en foi les corps que comme
» poffibles, avec toutes les idées des vérités; & non
» les *vérités* même qui ne font *rien de réel* (L. 3.

» c. 6. p. 2.) Mais les sentimens de lumiere & de
» couleurs, dont nous sommes affectés par l'étendue,
» nous font voir les corps existans. Ainsi dieu, les
» corps possibles, les corps existans, se voient dans
» le monde intelligible, qui est dieu, comme nous
» nous voyons dans nous-mêmes. Les ames des
» autres hommes ne se connoissent que par conjec-
» tures ; enfin il suit que notre entendement reçoit
» toutes les idées, non par l'union des deux subs-
» tances (qui est inutile dans ce système), mais
» par l'union seule du *verbe*, ou de la sagesse de
» dieu ; par ce monde immatériel qui renferme
» l'idée, la représentation, & comme l'image du
» monde matériel ; par l'étendue intelligible, qui
» est les corps possibles, ou la substance divine
» même en tant qu'elle peut être participée par les
» corps, dont elle est représentative ».

C'est jusqu'ici Mallebranche qui parle, ou que je fais parler conformément à ses principes : desquels il s'ensuit, comme on l'a remarqué il y a long-temps, que les corps sont des modifications de dieu, que notre célebre métaphysicien appelle tant de fois l'être en général, qu'il sembleroit n'en faire qu'un être idéal. Ainsi voilà notre dévot oratorien spinosiste sans le savoir, quoiqu'il fût déjà Cartésien, car, encore une fois, Spinosa l'étoit. Mais, comme dit sagement M. de S. Hyacinthe dans ses *recherches philosophiques*, c'est une chose
qu'il

qu'il ne faut pas chercher à approfondir, de peur sans doute que les plus grands philosophes ne fuſſent convaincus d'athéïſme.

De telles viſions ne méritent pas d'être férieuſement réfutées. Qui pourroit ſeulement imaginer ce qu'un cerveau brûlé par des méditations abſtraites croit concevoir ? Il eſt certain que nous n'appercevons pas l'infini, & que nous ne connoiſſons pas même le fini par l'infini : cette vérité ſuffit pour ruiner le ſyſtême du P. Mallebranche, qui porte tout entier ſur une ſuppoſition contraire. D'ailleurs je n'ai point d'idée de dieu, ni des eſprits : il m'eſt donc impoſſible de concevoir comment mon ame eſt unie à dieu.

Paſcal a bien raiſon de dire qu'on ne peut concevoir un être penſant ſans tête. C'eſt là en effet que ſont nos idées; elles ne ſont que des modifications de notre ſubſtance ; & ſi je n'en avois pas une parfaite conviction par mon ſens intime, je ferois également ſûr que mes idées des objets ſont dans moi & à moi ; & non hors de moi, non dans dieu, ni à dieu ; puiſque c'eſt toujours dans moi que ſe grave l'image qui repréſente les corps. D'où il s'enſuit que ces idées hors de mon ame, diſtinguées de ma ſubſtance, quelque étroitement unies qu'on les ſuppoſe, ſont chimériques. Je croirai que je vois en dieu, quand une expérience fondée ſur le ſens intime, quand ma conſcience me

Tome I. Q

l'aura appris. Mallebranche au reste paroît avoir pris la magnifique imagination de son *monde intelligible* ; 1°. dans Marcel Platonicien, *Zodiaq. Chant 7.* où l'on trouve des rêves à-peu-près semblables ; 2°. dans le *Parménide* de Platon, qui croyoit que les idées étoient des êtres réels, distincts des créatures qui les apperçoivent hors d'elles. Ce subtil philosophe n'a donc pas même ici le mérite de l'invention, & encore ce mérite-là seroit il peu d'honneur à l'esprit. Il vaut mieux approfondir une vérité déjà découverte, que d'avoir la dangereuse gloire d'inventer le faux, & d'enfiler une hypothese de nouvelles chimeres.

§. III.

LEIBNITZ.

LEIBNITZ fait consister l'essence, l'être ou la substance, (car tous ces noms sont synonymes) dans les *monades* ; c'est-à-dire, dans les corps simples, immuables, indissolubles, solides, individuels, ayant toujours la même figure & la même masse. Tout le monde connoît ces monades, depuis la brillante acquisition que les Leibnitiens ont fait de Me. la M. du Châtelet. Il n'y a pas, selon Leibnitz, deux particules homogenes dans la matiere ; elles sont toutes différentes les unes des autres. C'est cette constante hétérogénéité de chaque élément, qui forme & explique la diversité de tous les corps. Nul être pensant, & à plus forte raison dieu, ne fait rien sans choix, sans motifs qui les déterminent. Or si les atômes de la matiere étoient tous égaux, on ne pourroit concevoir pourquoi dieu eût préféré de créer, & de placer tel atôme, ici, plutôt que là ; ni comment une matiere homogene eût pu former tant de différens corps. Dieu n'ayant aucuns motifs de préférence, ne pourroit créer deux êtres semblables possibles: Il est donc nécessaire qu'ils soient tous hétérogenes. Voilà comme on combat l'homogénéité des élémens par le fameux *principe de la raison suffisante*. J'avoue qu'il n'est pas prouvé qu'un élément doive être similaire, comme le pensoit Mr. Boerhaave ; mais réciproquement, parce qu'on me dit que dieu ne fait rien sans une raison qui le détermine, dois-je croire que rien n'est égal, que rien ne se ressemble dans la nature, & que toutes les monades, ou essences, sont différentes ? Il est évident que ce système ne roule que sur la supposition de ce qui se passe dans un être, qui ne nous a donné aucune notion de ses attributs. M. Clarke & plusieurs autres philosophes admettent des cas de parfaite égalité, qui excluent toute *raison* Leibnitienne; elle seroit alors non *suffisante*, mais *inutile*, comme on le dit dans le *Traité de l'Ame*.

Comme on dit l'*homme*, & *le monde de Des-*

cartes, on dit les *monades de Leibnitz*, c'est-à-dire, des imaginations. Il est possible, je le veux, qu'elles se trouvent conformes aux réalités. Mais nous n'avons aucun moyen de nous assurer de cette conformité. Il faudroit pour cela connoître la première détermination de l'être, comme on connoît celle de toute figure, ou essence géométrique, par exemple, d'un cercle, d'un triangle, &c. Mais de pareilles connoissances ne pourroient s'acquérir qu'au premier instant de la création des êtres, à laquelle personne n'a assisté : & cette création même est encore une hypothese qui souffre des difficultés insurmontables, lesquelles ont fait tant d'athées, & la moitié de la base fondamentale du spinosisme.

Puisque nous ne connoissons pas la *substance*, nous ne pouvons donc savoir, si les élémens de la matiere sont similaires, ou non ; & si véritablement le principe de la *raison suffisante* en est un. A dire vrai, ce n'est qu'un principe de système, & fort inutile dans la recherche de la vérité. Ceux qui n'en ont jamais entendu parler, savent par les idées qu'ils en ont acquises, que le tout par exemple, est plus grand que sa partie ; & quand ils connoîtroient ce principe, auroient-ils fait un pas de plus, pour dire que cela est vrai, parce qu'*il y a dans le tout quelque chose qui fait comprendre pourquoi il est plus grand que sa partie ?*

La philosophie de M. Leibnitz porte encore sur un autre principe, mais moins, & encore plus inutile, c'est celui de *contradiction*. Tous ces prétendus premiers principes n'abrégent & n'éclaircissent rien ; ils ne sont estimables & commodes, qu'autant qu'ils sont le résultat de mille connoissances particulieres, qu'un général d'armée, un ministre, négociateur, &c. peuvent rédiger en axiomes utiles & importans.

Ces êtres, qui séparés, sont des *monades* ou la *substance*, forment par leur assemblage les corps, ou l'étendue, étendue métaphysique, comme je l'ai dit (chap. IV.), puisqu'elle est formée par des êtres simples, parmi lesquels on compte l'ame sensitive & raisonnable. Leibnitz a reconnu dans la matiere, 1°. non-seulement une force d'*inertie* ; mais une force *motrice*, un *principe d'action*, autrement appelé *Nature*; 2°. des perceptions, & des sensations, semblables en petit à celles des corps animés. On ne peut en effet les refuser, du moins à tout ce qui n'est pas inanimé.

Leibnitz remarque 3°. que dans tous les temps on a reconnu la force motrice de la matiere; 4°. que la doctrine des philosophes sur cette propriété essentielle, n'a commencé à être interrompue qu'au temps de Descartes. 5°. Il attribue la même opinion aux philosophes de son temps. 6°. Il conclut que chaque être indépendamment de tout autre,

& par la force qui lui eſt propre, produit tous ſes changemens. 7°. Il voudroit cependant partager cet ouvrage entre la cauſe premiere, & la cauſe ſeconde, dieu & la nature; mais il n'en vient à bout que par des diſtinctions inutiles, ou par de frivoles abſtractions.

Venons au ſyſtême de *l'harmonie préétablie*; c'eſt une ſuite des principes établis ci-devant. Il conſiſte en ce que tous les changemens du corps correſpondent ſi parfaitement aux changemens de la *monade*, appelée *eſprit*, ou *ame*, qu'il n'arrive point de mouvemens dans l'une, auxquels ne coexiſte quelque idée dans l'autre, & *vice verſâ*. dieu a préétabli cette harmonie, en faiſant choix des ſubſtances, qui par leur propre force produiroient de concert la ſuite de leurs *mutations*, de ſorte que tout ſe fait dans l'ame, comme s'il n'y avoit point de corps, & tout ſe paſſe dans le corps, comme s'il n'y avoit point d'ame. Leibnitz convient que cette dépendance n'eſt pas réelle, mais métaphyſique, ou idéale. Or eſt-ce par une ſection qu'on peut découvrir & expliquer les perceptions? Les modifications de nos organes ſemblent en être la vraie cauſe; mais comment cette cauſe produit-elle des idées? réciproquement comment le corps obéit-il à la volonté? Comment une monade ſpirituelle, ou inétendue, peut-elle faire marcher à ſon gré toutes celles qui composent le corps, & en gouverner tous les organes ? L'ame ordonne des mouvemens dont les moyens lui sont inconnus ; & dès qu'elle veut qu'ils soient, ils sont aussi vîte que la lumiere fut. Quel plus bel apanage, quel tableau de la divinité, diroit Platon ! Qu'on me dise ce que c'est que la matiére, & quel est le mécanisme de l'organisation de mon corps, & je répondrai à ces questions. En attendant on me permettra de croire que nos idées, ou perceptions, ne sont autre chose que des modifications corporelles, quoique je ne conçoive pas comment des modifications pensent, apperçoivent, &c.

§. IV.

WOLF.

J'AI donné une idée très-succinte des systêmes de trois grands philosophes : je passe à l'abrégé de celui de Wolf, fameux commentateur de Leibnitz, & qui ne cede en rien à tous les autres. Il définit l'être *tout ce qui est possible* ; & la substance, *un sujet durable & modifiable*. Ce qu'on entend par sujet, ou *substratum*, comme parle Locke, est une chose qui est, ou existe en elle-même, & par elle-même ; ainsi elle peut être ronde, quarrée, &c. Au contraire les accidens font des êtres qui ne fubfiftent point par eux-mêmes, mais qui font dans d'autres êtres, auxquels ils font inhérens, comme les trois côtés dans un triangle. Ce font donc des manieres d'être, & par conféquent ils ne font point modifiables, quoiqu'en difent les fcholaftiques, dont la fubtilité a été jufqu'à faire du cercle & de fa rondeur, deux êtres réellement diftincts, ce qui me furprend d'autant plus, qu'ils ont eux-mêmes le plus fouvent confondu la penfée avec le corps.

L'effence, ou l'être, felon Wolf, eft formé par des déterminations effentielles, qu'aucune autre ne détermine, ou qui ne préfuppofent rien par où on puiffe concevoir leur exiftence. Elles font la fubftance, comme les trois côtés font le triangle. Toutes les propriétés, ou tous les attributs de cette figure découlent de ces déterminations effentielles ; & par conféquent, quoique les attributs foient des déterminations conftantes, ils fuppofent un fujet qui les déterminent; quelque chofe qui foit premier, qui foit avant tout, qui foit le fujet, & n'en ait pas befoin. C'eft ainfi que Wolf croit marquer ce en quoi confifte la fubftance, contre Locke, philofophe beaucoup plus fage, qui avoue qu'on n'en a point d'idée. Je paffe fous filence fes determinations variables; ce ne font que des modifications. Tout cela ne nous donne pas la moindre notion de l'être, du foutien, du fupport des attributs, de ce sujet dont les modes varient sans-cesse. Pour connoître l'essence de quelque chose que ce soit, il faudra en avoir des idées qu'il est impossible à l'esprit humain d'acquérir. Les objets sur lesquels nos sens n'ont aucune prise, sont pour nous, comme s'ils n'étoient point. Mais comment un philosophe entreprend-il de donner aux autres des idées qu'il n'a pas lui-même ? v. Wolf *Inst. phys.* sur-tout chap. III.

« L'être simple ou l'élément, n'est ni étendu,
» ni divisible, ni figuré, il ne peut remplir aucun
» espace. Les corps résultent de la multitude &
» de la réunion de ces êtres simples, dont ils
» sont composés, & comme on dit, des *agrégats*.
» L'imagination ne peut distinguer plusieurs choses
» entr'elles, sans se les représenter les unes hors
» des autres ; ce qui forme le phénomene de l'é-
» tendue, qui n'est par conséquent que métaphy-
» sique, & dans laquelle consiste l'essence de la
» matiere ».

Non-seulement l'étendue n'est qu'une apparence, selon Wolf ; mais la force motrice qu'il admet, la force d'inertie, sont des phénomenes, ainsi que les couleurs mêmes, c'est-à-dire, des perceptions confuses de la réalité des objets. Ceci roule sur une fausse & ridicule hypothese des perceptions. Wolf suppose « que nos sensations sont composées
» d'un nombre infini de perceptions partielles, qui

» toutes féparément repréfentent parfaitement les
» êtres fimples, où font femblables aux réalités;
» mais que toutes ces perceptions fe confondant
» en une feule, repréfentent confondues, des
» chofes diftinctes ».

Il admet contre Locke des perceptions obfcures dans le fommeil, dont l'ame n'a point confcience : & par conféquent il croit avec Mallebranche que l'ame penfe toujours, au moment qu'elle y penfe le moins. Nous avons prouvé ailleurs le contraire. Mais, fuivant Wolf, toute fubftance fimple n'eft pas douée de perceptions; il en dépouille les monades Leibnitiennes; & il ne croit pas que la fenfation foit une fuite, & comme un développement néceffaire de la force motrice. D'où il fuit, (contre fes propres principes) que les perceptions ne font qu'accidentelles à l'ame; & par conféquent encore il eft auffi contradictoire, que gratuit, d'affurer, comme fait Wolf, que l'ame eft un petit monde fenfitif, un miroir vivant de l'univers, qu'elle fe repréfente par fa propre force, même en dormant. Pourquoi cela ? Ecoutez, (car cela eft fort important pour expliquer l'origine & la génération des idées) parce que l'objet qui donne la perception, eft lié avec toutes les parties du monde, & qu'ainfi les fenfations tiennent à l'univers par nos organes.

Je ne parle point du fyftême de l'harmonie préétablie, ni des deux principes fameux de Leibnitz ; *le principe de contradiction*, & *le principe de la raison suffisante*. C'est une doctrine qu'on juge bien que Wolf a fait valoir avec cette sagacité, cette intelligence, cette justesse, & même cette clarté qui lui est propre, si ce n'est lorsqu'elle vient quelquefois se couvrir des nuages de l'onthologie ; exemple si contagieux dans une secte qui s'accroît tous les jours, qu'il faudra bientôt qu'un nouveau Descartes vienne purger la métahpysique de tous ces termes obscurs dont l'esprit se repait trop souvent. La philosophie Wolfienne ne pouvoit se dispenser d'admettre ce qui servoit de fondement à la Leibnitienne ; mais je suis fâché d'y trouver en memetemps des traces du jargon inintelligible des écoles.

Je viens encore un moment à la force motrice. C'est comme dit Wolf, « le résultat de différentes » forces actives des élémens, confondues entre » elles ; c'est un effort des êtres simples, qui tend à » changer sans cesse le mobile du lieu. Ces efforts » sont semblables à ceux que nous faisons pour » agir. » ; Wolf en fait lui-même de bien plus grands sans doute, pour que Dieu, témoin de cette action de la nature, (qui fait tout dans le système de ce subtil philosophe) ne reste pas oisif, & pour ainsi dire, les bras croisés devant elle : ce qui tend à *l'athéisme*. Mais dans ce partage il n'est pas plus heureux que son maître. C'est toujours la nature qui agit seule, qui produit & conserve tous les phénomenes. Le choc des substances les unes sur les autres, fait tout, quoiqu'il ne soit pas décidé, s'il est réel, ou apparent : car en général les Leibnitiens se contentent de dire que nous ne pouvons juger que sur des apparences, dont la cause nous est inconnue. Tant de modestie a de quoi surprendre dans des philosophes si hardis, si téméraires à s'élever aux premiers principes, qui, cependant, dans l'hypothese des perceptions Wolfiennes, devoient au premier coup d'œil paroître incompréhensibles.

Il étoit, ce me semble, curieux & utile d'observer, par quelles voies les plus grands génies ont été conduits dans un labyrinthe d'erreurs, dont ils ont en vain cherché l'issue. La connoissance du point où ils ont commencé à s'égarer, à se séparer, à se rallier, peut seule nous faire éviter l'erreur, & découvrir la vérité, qui est souvent si près d'elle, qu'elles se touchent presque. Les fautes d'autrui sont comme une ombre qui augmente la lumiere; & par conséquent rien n'est plus important dans la recherche de la vérité, que de s'assurer de l'origine de nos erreurs. Le premier antidote est la connoissance du poison.

Mais si tant de beaux génies se sont laissé aveugler par l'esprit de système, l'écueil des plus grands hommes, rien doit-il nous inspirer plus de méfiance dans la recherche de la vérité ? Ne devons-nous pas penser que tous nos soins, nos projets, doivent être de rester toujours attachés au char de la nature, & de nous en faire honneur, à l'exemple de ces vrais génies, les Newton, les Boerhaave, ces deux glorieux esclaves dont la nature a si bien récompensé les services, (*Boerh. de honore med. servit.*) Mais pour arriver à ce but, il faut se défaire courageusement de ses préjugés, de ses goûts les plus favoris pour telle ou telle secte, comme on quitte d'anciens amis dont on reconnoît la perfidie. Il est assez ordinaire aux plus grands philosophes de se vanter, comme les petits maîtres ; ceux-ci ont souvent obtenu des faveurs de femmes qu'ils n'ont jamais ni vues ni connues ; ceux-là prétendent avoir pris la nature sur le fait, comme dit un fameux néologue ; qu'elle leur a révélé tous ses secrets, & qu'ils ont, pour ainsi dire, tout vu, tout entendu, lors même que la nature garde encore plus de voiles, que jamais n'en eut l'*Isis* des Egyptiens. Pour avancer dans le chemin de la vérité, qu'il faut suivre une conduite différente ? Il faut faire assidument les mêmes pas avec la nature, toujours aidé, comme dit madame la marquise du Châtelet, du *bâton* de l'observation & & de l'expérience. Il faut en physique imiter la conduite qu'a tenue le sage Sydenham en médecine.

§. V.

LOCKE.

1°. Monsieur Locke fait l'aveu de son ignorance sur la nature de l'essence des corps : en effet, pour avoir quelque idée de l'être ou de la substance, (car tous ces mots sont synonymes) il faudroit savoir une géométrie, inaccessible même aux plus sublimes métahysiciens, celle de la nature. Le sage anglois n'a donc pu se faire une notion imaginaire de l'essence des corps, comme Wolf le lui reproche sans assez de fondement.

2°. Il prouve contre l'auteur de *l'Art de penser* & tous les autres Logiciens, l'inutilité des Syllogismes, & de ce qu'on appelle analyses parfaites, par lesquelles on a la puérilité de vouloir prouver les axiomes les plus évidents : minuties qui ne se trouvent ni dans Euclide, ni dans Clairaut (Voyez Locke, L. 4, c. 17, §. 10, p. 551, 552.); mais qui abondent en *Scholies* dans Wolf.

3°. Il a cru les principes généraux très-propres à enseigner aux autres les connoissances qu'on a soi-même. En quoi je ne suis pas de son avis, ni par conséquent de celui de l'auteur de la logique trop estimée que je viens de citer, chap. 4. c. 7. Le grand étalage, cette multitude confuse d'axiomes, de propositions générales systématiquement arrangées, ne sont point un fil assuré pour nous conduire dans le chemin de la vérité. Au contraire, cette méthode synthétique, comme l'a fort bien senti M. Clairaut, est la plus mauvaise qu'il y ait pour instruire. Je dis même qu'il n'est point de cas, où de circonstances dans la vie, où il ne faille acquérir des idées particulieres avant que de les rappeler à des généralités. Si nous n'avions acquis par les sens les idées de tout, & de partie, avec la notion de la différence qu'il y a entre l'un & l'autre saurions-nous que le tout est plus grand que sa partie ? Il en est ainsi de toutes ces vérités qu'on appelle éternelles, & que dieu même ne peut changer.

4°. Locke a été le destructeur des idées innées, comme Newton l'a été du système Cartésien. Mais il a fait, ce me semble, trop d'honneur à cette ancienne chimere, de la réfuter par un si grand nombre de solides réflexions. Selon ce philosophe & la vérité, rien n'est plus certain que cet ancien axiome, mal reçu autrefois de Platon, de Timée, de Socrate, & de toute l'académie : *Nihil est in intellectu, quod prius non fuerit in sensu.* Les idées viennent par les sens, les sensations sont l'unique source de nos connoissances. Locke explique par elles toutes les opérations de l'ame.

5°. Il paroît avoir cru l'ame matérielle, quoique sa modestie ne lui ait pas permis de le décider. « Nous ne serions peut-être jamais, dit-il, capa- » bles de décider si un être purement matériel » pense ou non, & parce que nous ne concevons » ni la matiere, ni l'esprit ». Cette simple réflexion n'empêchera pas les scholastiques d'argumenter en forme pour l'opinion contraire, mais elle sera toujours l'écueil de tous leurs vains raisonnemens.

6°. Il renonce à la vanité de croire que l'ame pense toujours; il démontre par une foule de raisons tirées du sommeil, de l'enfance, de l'apoplexie, &c. que l'homme peut exister, sans avoir le sentiment de son être : que non-seulement il n'est pas évident que l'ame pense en tous ces états; mais qu'au contraire, à en juger par l'observation, elle paroît manquer d'idées, & même de sentiment. En un mot, M. Locke nie que l'ame puisse penser & pense réellement, sans avoir conscience d'elle-même, c'est-à-dire, sans savoir qu'elle pense, sans avoir quelque notion, ou quelque souvenir des choses qui l'ont occupée. Ce qui est bien certain, c'est que l'opinion de ce subtil métaphysicien est confirmée par les progrès & la décadence mutuelle de l'ame & du corps, & principalement par les phénomenes des maladies, qui démontrent clairement, à mon avis, contre Pascal même, (c. 13, n. 1.) que l'homme peut fort bien être conçu sans

la

la pensée, & par conséquent qu'elle ne fait point l'être de l'homme.

Quelle différence d'un philosophe aussi sage, aussi retenu, à ces présomptueux métaphysiciens, qui ne connoissant ni la force, ni la foiblesse de l'esprit humain, s'imaginent pouvoir atteindre à tout, ou à ces pompeux déclamateurs, qui comme Abadie, (*de la vérité de la religion chrétienne*) aboient presque pour persuader ; & qui par le dévot enthousiasme d'une imagination échauffée, & presque en courroux, font fuir la vérité, au moment même qu'elle auroit le plus de disposition à se laisser, pour ainsi dire, apprivoiser ? Pour punir ces illuminés fanatiques, je les ai condamnés à écouter tranquillement, s'ils peuvent, l'histoire des différens faits que le hasard a fournis dans tous les temps, comme pour confondre les préjugés.

7°. Il est donc vrai que Mr. Locke a le premier débrouillé le chaos de la métaphysique, & nous en a le premier donné les vrais principes, en rappelant les choses à leur première origine. La connoissance des égaremens d'autrui l'a mis dans la bonne voie. Comme il a pensé que les observations sensibles sont les seules qui méritent la confiance d'un bon esprit, il en a fait la base de ses méditations ; par-tout où il se sert du compas de la justesse, ou du flambeau de l'expérience. Ses raisonnemens sont aussi severes; qu'exempts de préjugés & de partialité; on n'y remarque point aussi cette espece de fanatisme d'irréligion, qu'on blâme dans quelques-uns. Eh ! ne peut on sans passion remédier aux abus, & secouer le joug des préjugés ? Il est d'autant plus ridicule à un philosophe de déclamer contre les religionnaires, qu'il trouve mauvaise la représaille.

§. VI.

BOERHAVE.

1°. MONSIEUR Boerhaave a pensé qu'il étoit inutile de rechercher les attributs qui conviennent à l'être, comme à l'être; c'est ce qu'on nomme dernieres causes métaphysiques. Il rejette ces causes, & ne s'inquiete pas même des premieres physiques, tels que les élémens, l'origine de la premiere forme, des semences, & du mouvement (Inst. med. XXVIII).

2°. Il divise l'homme en corps & en ame, & dit que la pensée ne peut être que l'opération de l'esprit pur (XXVII); cependant, non-seulement il ne donne jamais à l'ame les épithetes de spirituelle & d'immortelle ; mais lorsqu'il vient à traiter de *sens internes*, on voit que cette substance n'est point si particuliere, mais n'est que, je ne sais quel sens interne, comme tous les autres, dont elle semble être la réunion.

3°. Il explique par le seul mécanisme toutes les facultés de l'ame raisonnable, & jusqu'à la pensée la plus métaphysique, la plus intellectuelle, la plus vraie de toute éternité, ce grand théoricien soumet tout aux loix du mouvement : de sorte qu'il m'est évident qu'il n'a connu dans l'homme qu'une ame sensitive plus parfaite que celle des animaux. Voyez ses leçons données par M. Haller, & librement traduites en françois : les *Institutions* qui en sont le texte ; sur-tout *de sensib. intern.* & les discours *de honore Medic. Servitut. de usu ratiocinii Mechanici in medicinâ : de comparando certo in Phys. &c.*

4°. On sait ce qu'il en pensa coûter à ce grand philosophe, pour avoir semblé prendre le parti de Spinosa devant un inconnu, avec lequel il voyageoit. (*Vie de Boerh.* par M. de la M. Schultens, *Orat. in Boerh. Laud.*) Mais au fond, autant qu'on en peut juger par ses ouvrages, personne ne fut moins Spinosiste ; par-tout il reconnoît l'invisible main de dieu, qui a tissu, selon lui, jusqu'aux plus petits poils de notre corps ; d'où l'on voit, comme par tant d'autres endroits, combien ce médecin célebre étoit différent de ces deux Epicuriens modernes, Gassendi & Lami, qui n'ont pas voulu croire que les instrumens du corps humain fuſſent faits pour produire certains mouvemens déterminés, dès qu'il furviendroit une caufe mouvante (*Boerh. Inſt. Med.* XL.), & qui enfin ont adopté à cet égard le fyſtéme de Lucrece (*de Naturâ Rerum* L. IV.). S'agit-il d'expliquer la correfpondance mutuelle du corps & de l'ame? Ou le favant profeſſeur de Leyde tranche nettement la difficulté, en admettant au fond une feule & même fubſtance : ou, quand il veut battre la campagne, comme un autre, il fuppofe des loix Cartéfiennes établies par le créateur, felon lefquelles tel mouvement corporel donne à l'ame telle penfée, & *vice verſâ*, *&c.* avouant d'ailleurs, qu'il eſt abfolument inutile aux médecins de connoître ces loix, & impoſſible aux plus grands génies de venir à bout de les découvrir. Je ne fuis ici que l'hiſtorien des opinions *vocales*, *ou typographiques* de mon illuſtre maître, qui fut fans contredit un parfait déïſte. Qui peut fe flatter de connoître les opinions intimes du cœur ? *Deus folus fcrutator cordium.*

§. VII.

SPINOSA.

Voici en peu de mots le fyſtéme de Spinofa. Il foutient 1°. qu'une fubſtance ne peut produire une autre substance ; 2°. que rien ne peut être créé de rien, selon ce vers de Lucrece :

Nullam rem è nihilo fieri divinitus unquam.

3°. Qu'il n'y a qu'une seule substance, parce qu'on ne peut appeler substance, que ce qui est éternel, indépendant de toute cause supérieure, que ce qui existe par soi-même & nécessairement. Il ajoute que cette substance unique, ni divisée, ni divisible, est non-seulement douée d'une infinité de perfections, mais qu'elle se modifie d'une infinité de manieres : en tant qu'étendue, les corps & tout ce qui occupe un espace ; en tant que pensée, les ames, & toutes les intelligences, sont ses modifications. Le tout cependant reste immobile, & ne perd rien de son essence pour changer.

Spinosa définit les sens conséquemment à ses principes : *des mouvemens de l'ame, cette partie pensante de l'univers, produits par ceux des corps, qui sont des parties étendues de l'univers*. Définition évidemment fausse ; puisqu'il est prouvé cent & cent fois, 1°. que la pensée n'est qu'une modification accidentelle du principe sensitif, qui par conséquent ne fait point *partie pensante de l'univers* : 2°. que les choses externes ne sont point représentées à l'ame, mais seulement quelques propriétés différentes de ces choses, toutes relatives

& arbitraires ; & qu'enfin la plupart de nos fenfations, ou de nos idées, dépendent tellement de
nos organes, qu'elles changent fur-le-champ avec
eux. Il fuffit de lire Bayle (dictionnaire critique,
à l'article de *Spinofa*) pour voir que ce bon homme
(car *quoique* athée, il étoit doux & bon) a tout
confondu & tout embrouillé , en attachant de
nouvelles idées aux mots reçus. Son athéifme ref-
femble affez bien au labyrinthe de Dédale, tant
il a de tours & de détours tortueux. M. l'Abbé de
Condillac a eu la patience de les parcourir tous,
& leur a fait trop d'honneur. Dans le fyftême de
Spinofa , qui a été autrefois celui de Xénophanes,
de Méliffus, de Parmenide, & de tant d'autres,
adieu la loi naturelle ! nos principes naturels ne
font que nos principes accoutumés. Le traducteur
du traité de la vie heureufe de Seneque a pouffé
fort loin cette idée, qui ne paroît pas avoir déplu
à ce grand génie, Pafcal, lorfqu'il dit : *qu'il craint
bien que la nature ne foit une premiere coutume &
que la coutume ne foit une feconde nature.* Suivant
Spinofa encore, l'homme eft un véritable auto-
mate, une machine affujettie à la plus conftante
néceffité, entraînée par un impétueux fatalifme,
comme un vaiffeau par le courant des eaux. L'auteur de *l'homme machine* femble avoir fait fon livre
exprès pour défendre cette trifte vérité.

Les anciens Hébreux, alchimiftes, & auteurs

sacrés ont mis dieu dans le feu pur, (Boer. *de ign.*) dans la matiere ignée ou éthérée; d'où, comme de son trône, il lançoit des feux vivifians sur toute la nature. Ceux qui voudront acquérir une plus grande connoissance des systêmes, doivent lire l'excellent traité que M. l'abbé de Condillac en a donné. Il ne me reste plus qu'à parler de ceux qui ont pris parti, tantôt pour la mortalité, tantôt pour l'immortalité de l'ame.

§. VIII.

De ceux qui ont cru l'ame mortelle & immortelle.

Si nous n'avons pas de preuves philosophiques de l'immortalité de l'ame, ce n'est certainement pas que nous ne soyons pas bien aises qu'elles nous manquent. Nous sommes tous naturellement portés à croire ce que nous souhaitons. L'amour-propre trop humilié de se voir prêt d'être anéanti, se flatte, s'enchante de la riante perspective d'un bonheur éternel. J'avoue moi-même que toute ma philosophie ne m'empêche pas de regarder la mort comme la plus triste nécessité de la nature, dont je voudrois pour jamais perdre l'affligeante idée. Je puis dire avec l'aimable abbé de Chaulieu :

Plus j'approche du terme, & moins je le redoute:

Par des principes sûrs, mon esprit affermi,
Content, persuadé, ne connoît plus le doute.
Des suites de ma fin je n'ai jamais frémi.
Et plein d'une douce espérance,
Je mourrai dans la confiance;
Au sortir de ce triste lieu,
De trouver un asyle, une retraite sûre;
Ou dans le sein de la nature,
Ou bien dans les bras de mon dieu.

Cependant je cesse d'être en quelque sorte, toutes les fois que je pense que je ne serai plus.

Passons en revue les opinions, ou les désirs des philosophes sur ce sujet. Parmi ceux qui ont souhaité que l'ame fût immortelle, on compte 1°. Seneque (*Epist.* 107, *&c. Quæst. Nat. L.* 7, *&c.*) 2°. Socrate. 3°. Platon, qui donne à la vérité (*in Phæd.*) une démonstration ridicule de ce dogme, mais qui convient ailleurs *qu'il ne le croit vrai, que parce qu'il l'a oui dire.* 4°. Ciceron, (*de Naturâ Deorum, L.* 2.) quoiqu'il vacille, L. 3. dans sa propre doctrine, pour revenir à dire ailleurs *qu'il affectionne beaucoup le dogme de l'immortalité, quoique peu vraisemblable.* 5°. Pascal, parmi les modernes; mais sa maniere de raisonner (*v. Pens. sur la Relig.*) est peu digne d'un philosophe. Ce grand homme s'imaginoit avoir de la foi, & il n'avoit qu'envie de croire, mais sur de légitimes motifs qu'il cherchoit, & chercheroit encore, s'il vivoit. Croire, parce qu'on ne rifque rien, c'eft comme un enfant, parce qu'on ne fait rien de ce qui concerne l'objet de la croyance. Le parti le plus fage eft du moins de douter, pourvu que nos doutes fervent à régler nos actions, & à nous conduire d'une maniere irréprochable, felon la raifon & les loix. Le fage aime la vertu, pour la vertu même.

Enfin les Stoïciens, les Celtes, les anciens Bretons, &c. défiroient tous que l'ame ne s'éteignît point avec le corps. Tout le monde, dit plaifamment Pomponace, (*de immort. anim.*) fouhaite l'immortalité, comme un mulet défire la génération qu'il n'obtient pas.

Ceux qui ont penfé fans balancer, que l'ame étoit mortelle, font en bien plus grand nombre. Bion fe livre à toutes fortes de plaifanteries, en parlant de l'autre monde. Céfar s'en moque au milieu même du fénat, au lieu de chercher à dompter l'hydre du peuple, & à l'accoutumer au frein néceffaire des préjugés. Lucrece, (*de Nat. rer. L.* 3.) Plutarque, &c. ne connoiffent d'autre enfer, que les remords. Je fais, dit l'auteur d'Electre,

» *Je fais que les remords d'un cœur né vertueux,*
» *Souvent pour les (crimes) punir vont plus*
» *loin que les Dieux.*

Virgile (*Georg.*) se moque du bruit (1) imaginaire de l'Acheron ; & il dit (*Eneid. L. 3.*) que les dieux ne se mêlent point des affaires des hommes.

Scilicet is superis labor est, ea cura, quietos
Sollicitat.

Lucrece dit la même chose.

Utque omnis per se divûm natura necesse est
Immortali ævo summâ cum pace fruatur,
Semota à nostris rebus, sejunctaque longè ;
Nam privata dolore omni, privata periclis,
Ipsa suis pollens opibus, nil indiga nostri,
Nec benè promeritis gaudet, nec tangitur irâ.

En un mot tous les poëtes de l'antiquité, Homere, Hésiode, Pindare, Callimaque, Ovide, Juvenal, Horace, Tibulle, Catulle, Manilius, Lucain, Pétrone, Perse, &c. ont foulé aux pieds les craintes de l'autre vie. Moyse même n'en

---

(1) *Felix qui potuit rerum cognoscere causas,*
  Atque metus omnes & inexorabile fatum
  Subjecit pedibus ; strepitumque Acherontis !

L'abbé de Chaulieu a très-bien paraphrasé ces vers.

parle pas, & les Juifs ne l'ont point connue; ils attendent le Meſſie, pour décider l'affaire.

Hippocrate, Pline, Galien, en un mot tous les médecins Grecs, Latins & Arabes, n'ont point admis la diſtinction des deux ſubſtances, & la plupart n'ont connu que la nature.

Diogene, Leucippe, Démocrite, Epicure, Lactance, les Stoïciens, quoique d'avis différens entr'eux ſur le concours des atômes, ſe ſont tous réunis ſur le point dont il s'agit; & en général tous les anciens euſſent volontiers adopté ces deux vers d'un poëte français.

Une heure après ma mort, mon ame évanouie,

Sera ce qu'elle étoit une heure avant ma vie.

Dicæarque, Aſclépiade, ont regardé l'ame comme l'harmonie de toutes les parties du corps. Platon à la vérité ſoutient que l'ame eſt incorporelle, mais c'eſt comme faiſant partie d'une chimere qu'il admet ſous le nom d'*ame du monde*; & ſelon le même philoſophe, toutes les ames des animaux & des hommes ſont de même nature; & la difficulté de leurs fonctions ne vient que de la différence des corps qu'elles habitent.

Ariſtote dit auſſi, que « ceux qui prétendent qu'il » n'y a point d'ame ſans corps, & que l'ame n'eſt

« point un corps, ont raison ; car, ajoute-t-il,
« l'ame n'est point un corps, mais c'est quelque
« chose du corps. » *Animam qui existimant, neque sine corpore, neque corpus aliquod, bené opinantur : corpus enim non est, corporis autem est aliquid.* (de anim. text. 26. c. 2.) Il entend bonnement la forme, ou un accident, dont il fait un être séparé de la matiere. D'où l'on voit qu'il n'y a qu'à bien éplucher ceux d'entre les anciens qui paroissent avoir cru l'ame immatérielle, pour se convaincre qu'ils ne different pas des autres. Nous avons vu d'ailleurs qu'ils pensoient que la spiritualité étoit aussi bien un véritable attribut de la substance, que la matérialité même : ainsi ils se ressemblent tous.

Je ferai ici une réflexion. Platon définit l'ame, une essence se mouvant d'elle-même, & Pythagore un nombre se mouvant de lui-même. D'où ils concluoient qu'elle étoit immortelle. Descartes en tire une conséquence toute opposée, tandis qu'Aristote, qui vouloit combattre l'immortalité de l'ame, n'a cependant jamais songé à nier la conclusion de ces anciens philosophes, & s'en est tenu seulement à nier fortement le principe, pour plusieurs raisons que nous supprimons, & qui sont rapportées dans *Macrobe*. Ce qui fait voir avec quelle confiance on a tiré en différens temps des mêmes principes, des conclusions contradictoires. *O deliræ hominum mentes !*

Le système de la spiritualité de la matiere étoit encore fort en vogue dans les quatre premiers siecles de l'église. On crut, jusqu'au concile de Latran, que l'ame de l'enfant étoit la production moyenne de celles du pere & de la mere. Ecoutons Tertullien : *Animam corporalem profitemur, habentem proprium genus substantiæ, & soliditatis, per quam quod & sentire & pati possit.... quid dicis cœlestem, quam unde cœlestem intelligas, non habes ?.... caro atque anima simul fiunt sine calculo temporis, atque simul in utero etiam figurantur ..... minime divina res est, quoniam quidem mortalis.*

Origene, St. Irenée, St. Justin martyr, Théophile d'Antioche, Arnobe, &c. ont pensé avec Tertullien que l'ame a une étendue formelle, comme depuis peu l'a écrit St. Hyacinthe.

St. Augustin pense-t-il autrement ? lorsqu'il dit: *Dum corpus animat, vitáque imbuit, anima dicitur: dum vult, animus : dum scientia ornata est, ac judicandi peritiam exercet, mens ; dum recolit, ac reminiscitur, memoria : dum ratiocinatur, ac singula discernit, ratio : dum contemplationi insistit, spiritus : dum sentiendi vim obtinet, sensus est anima.*

Il dit dans le même ouvrage (*de anim.*) 1°. que l'ame habite dans le sang, parce qu'elle ne peut vivre dans le sec : pourquoi ? (admirez la sagacité de ce grand homme, & comme en certains temps on peut devenir tel à peu de frais!) *parce que c'est un esprit.* 2°. Il avoue qu'il ignore si les ames sont créées tous les jours, ou si elles descendent par propagation, des peres aux enfants. 3°. Il conclut qu'on ne peut rien résoudre sur la nature de l'ame. Pour traiter ce sujet, il ne faut être ni théologien, ni orateur: il faut être plus, philosophe.

Mais pour revenir encore à Tertullien; quoique les ames s'éteignent avec les corps, tout éteintes qu'elles sont, suivant cet auteur, elles se rallument, comme une bougie, au jugement dernier, & rentrent dans les corps ressuscités, sans lesquels elles n'ont point souffert, *ad perficiendum, & ad patiendum societatem carnis* (anima) *expostulat, ut tam plené per eam pati possit, quam sine ea plené agere non potuit.* (*De resurr.* L. 1. 98.) C'est ainsi que Tertullien imaginoit que l'ame pouvoit être tout ensemble mortelle & immortelle, & qu'elle ne pouvoit être immortelle, qu'autant qu'elle seroit matérielle. Peut-on ajuster plus singulierement la mortalité, l'immortalité & la matérialité de l'ame, avec la résurrection des corps? Conor va plus loin; (*Evangelium Medici*) il pousse l'extravagance jusqu'à entreprendre d'expliquer physiquement ce mystere.

Les scholastiques chrétiens n'ont pas pensé autrement que les anciens sur la nature de l'ame. Ils disent tous avec St. Thomas : *anima est principium quo vivimus, movemur & intelligimus.* « Vouloir » & comprendre, dit Goudin, sont aussi bien des » mouvemens matériels, que vivre & végéter ». Il ajoute un fait singulier, qui est, que dans un concile tenu à Vienne, sous Clément V, « l'autorité » de l'église ordonna de croire que l'ame n'est que » la forme substantielle du corps, qu'il n'y a point » d'idées innées, (comme l'a pensé le même St. » Thomas) & déclara hérétiques tous ceux qui » n'admettoient pas la matérialité de l'ame ».

Raoul Fornier, professeur en droit, enseigne la même chose dans ses *discours académiques sur l'origine de l'ame*, imprimés à Paris en 1619 avec une approbation & des éloges de plusieurs docteurs en théologie.

Qu'on lise tous les scholastiques, on verra qu'ils ont reconnu une force motrice dans la matiere, & que l'ame n'est que la forme substantielle du corps. Il est vrai qu'ils ont dit qu'elle étoit une forme subsistante (Goudin, tom. II, p. 93-94.) ou qui subsiste par elle-même, & vit indépendamment de la vie du corps. Delà ces *entités* distinctes, ces *accidents absolus*, ou plutôt absolument inintelligibles. Mais c'est une distinction évidemment frivole ; car puisque les scholastiques conviennent avec les anciens, 1°. que les formes, tant simples que composées, ne sont que de simples attributs, ou de pures dépendances des corps : 2°. que l'ame n'est que la *forme*, ou *l'accident* du corps, ils ajoutent en vain pour se masquer, ou se sauver de l'ennemi, les épithetes de *subsistante*, ou *d'absolu* : il falloit auparavant pressentir les conséquences de la doctrine qu'ils embrassoient, & la rejetter, s'il eût été possible, plutôt que d'y faire de ridicules restrictions. Car qui croira de bonne foi, que ce qui est matériel dans tous les corps animés, cesse de l'être dans l'homme ? La contradiction est trop révoltante. Mais les scholastiques l'ont eux-mêmes sentie, plus que les théologiens, à l'abri desquels ils n'ont que voulu se mettre par ces détours & ces vains subterfuges.

Bayle dit dans son *dictionnaire*, à l'article de *Lucrece*, « que ceux qui nient que l'ame soit
» distincte de la matiere, doivent croire tout
» l'univers animé, ou plein d'ames: que les plantes
» & les pierres même sont des substances pen-
» santes ; des substances qui peuvent bien ne pas
» sentir les odeurs, ne pas voir les couleurs, ne
» pas entendre les sons ; mais qui doivent néces-
» sairement avoir des connoissances dans l'hypo-
» these des matérialistes, ou des atomistes ; parce
» que les principes matériels simples, de quelque
» nom qu'on les décore, n'ont rien de plus pré-
» cieux que ceux qui forment une pierre ; & qu'en
» conséquence

» conséquence ce qui pense dans un corps, doit
» penser dans un autre ».

Tel est le sophisme de Bayle sur une prétendue substance, à laquelle il est clair par cent & cent endroits de ses ouvrages, qu'il ne croyoit pas plus que la Motte le Vayer, & tant d'autres théologiquement persiffleurs. Il faudroit avoir l'esprit bien faux & bien bouché, pour ne pas découvrir l'erreur de ce mauvais raisonnement. Ce n'est point la nature des principes solides des corps, qui en fait la variété, mais la diverse configuration de leurs atômes. Ainsi la diverse disposition des fibres des corps animés, qui sont faits d'élémens terrestres, collés fortement ensemble; celle des vaisseaux qui sont composés de fibres; des membranes qui sont vasculeuses, &c. produit tant d'esprits différens dans le regne animal, pour ne rien dire de la variété qui se trouve dans la consistance & le cours des liqueurs; derniere cause qui entre (pour sa moitié) dans la production des divers esprits, ou instincts dont je parle. Si les corps des autres regnes n'ont ni sentimens, ni pensées; c'est qu'ils ne sont pas organisés pour cela, comme les hommes & les animaux: semblables à une eau qui tantôt croupit, tantôt coule, tantôt monte, descend, ou s'élance en jet d'eau, suivant les causes physiques & inévitables qui agissent sur elle. Un homme d'esprit en fait, comme le cheval avec son fer tire du feu du

Tome I. S

caillou. Il n'en doit pas être plus orgueilleux que cet animal. Les montres à répétition sont de plus grand prix, & non d'une autre nature que les plus simples.

Je finirai par une remarque sur l'opinion que les anciens avoient de la spiritualité & de la matérialité. Ils entendoient par l'une, un assemblage de parties matérielles, legeres & déliées, jusqu'à sembler en effet quelque chose d'incorporel, ou d'immatériel ; & par l'autre, ils concevoient des parties pesantes, grossieres, visibles, palpables. Ces parties matérielles, appercevables, forment tous les corps par leurs diverses modifications ; tandis que les autres parties imperceptibles, quoique de même nature, constituent toutes les ames. Entre une *substance spirituelle* & une *substance matérielle*, il n'y a donc d'autre différence que celle qu'on met entre les modifications, ou les façons d'être d'une même substance : & selon la même idée, ce qui est matériel, peut devenir insensiblement spirituel, & le devient en effet. Le blanc d'œuf peut ici servir d'exemple ; lui, qui à force de s'atténuer & de s'affiner aux travers des filieres vasculeuses infiniment étroites du poulet, forme tous les esprits nerveux de cet animal. Eh ! que l'analogie prouve bien que la lymphe fait la même chose dans l'homme ! Oseroit-on comparer l'ame aux esprits animaux, & dire qu'elle differe des corps, que comme ceux-ci different des humeurs grossieres, par le fin tissu & l'extrême agilité de ses atômes?

C'en est assez, & plus qu'il ne faut sur l'immortalité de l'ame. Aujourd'hui c'est un dogme essentiel à la religion, autrefois c'étoit une question purement philosophique, comme le christianisme n'étoit qu'une secte. Quelque parti qu'on prît, on ne s'avançoit pas moins dans le sacerdoce. On pouvoit croire l'ame mortelle, quoique spirituelle; ou immortelle, quoique matérielle. Aujourd'hui il est défendu de penser qu'elle n'est pas spirituelle, quoique cette spiritualité ne se trouve nulle part révélée. Et quand elle le seroit, il faudroit ensuite croire à la révélation, ce qui n'est pas une petite affaire pour un philosophe : *hoc opus, hic labor est.*

FIN du Tome premier.

TABLE DES MATIERES.

Contenues dans le Tome I.

ÉLOGE *de la Mettrie.* Page	j
Discours préliminaire.	1
TRAITÉ DE L'AME.	65
CHAP. I. *Exposition de l'ouvrage.*	ibid.
CHAP. II. *De la Matiere.*	68
CHAP. III. *De l'étendue de la matiere.*	70
CHAP. IV. *Des propriétés mécaniques passives de la matiere, dépendantes de l'étendue.*	72
CHAP. V. *De la puissance motrice de la matiere.*	75
CHAP. VI. *De la faculté sensitive de la matiere.*	81
CHAP. VII. *Des formes substantielles*	85
CHAP. VIII. *De l'ame végétative.*	89
CHAP. IX. *De l'ame sensitive des animaux.*	92
CHAP. X. *Des facultés du corps qui se rapportent à l'ame sensitive.*	99
§. I. *Des sens.*	100
§. II. *Mécanisme des sensations.*	102
§. III. *Loix des sensations.*	106
§. IV. *Que les sensations ne font pas connoître la nature des corps, & qu'elles changent avec les organes.*	108

TABLE

§. V. *Raisons anatomiques de la diversité des sensations.* 111
§. VI. *De la petitesse des idées.* 113
§. VII. *Différens sieges de l'ame.* 114
§. VIII. *De l'étendue de l'ame.* 116
§. IX. *Que l'être sensitif est par conséquent matériel.* 120
§. X. *De la mémoire.* 122
§. XI. *De l'imagination.* 127
§. XII. *Des passions.* 133

CHAP. XI. *Des facultés qui dépendent de l'habitude des organes sensitifs.* 140
§. I. *Des inclinations & des appétits.* 141
§. II. *De l'instinct.* 143
§. III. *Que les animaux expriment leurs idées par les mêmes signes que nous.* 147
§. IV. *De la pénétration & de la conception.* 150

CHAP. XII. *Des affections de l'ame sensitive.* 152
§. I. *Les sensations, le discernement & les connoissances.* ibid.
§. II. *De la volonté.* 156
§. III. *Du goût.* 160
§. IV. *Du génie.* 162
§. V. *Du sommeil & des rêves.* 171
§. VI. *Conclusion sur l'être sensitif.* 175

CHAP. XIII. *Des facultés intellectuelles ou de l'ame raisonnable.* 178

DES MATIERES.

§. I. *Des perceptions.* ibid.
§. II. *De la liberté.* 180
§ III. *De la réflexion, &c.* 184
§. IV. *De l'arrangement des idées.* 185
§. V. *De la méditation & de l'examen.* 186
§. VI. *Du jugement.* 187

CHAP. XIV. *Que la foi seule peut fixer notre croyance sur la nature de l'ame raisonnable.* 192

CHAP. XV. *Histoires qui confirment que toutes nos idées viennent des sens.* 201
  HIST. I. *Du Sourd de Chartres.* ibid.
  HIST. II. *D'un homme sans idées morales.* 203
  HIST. III. *De l'aveugle de Cheselden.* ibid.
  HIST. IV. *Méthode d'Amman pour apprendre aux sourds à parler.* 206
  Réflexions sur l'éducation. 215
  HIST. V. *D'un enfant trouvé parmi des ours.* 217
  HIST. VI. *Des hommes sauvages appellés Satyres.* 220
  §. VII. *Belle conjecture d'Arnobe, qui vient à l'appui de tous ces faits.* 225
  Conclusion de l'ouvrage. 228

ABRÉGÉ DES SYSTÊMES, *pour faciliter l'intelligence du* Traité de l'Ame. 231
  §. I. *Descartes.* ibid.
  §. II. *Mallebranche.* 237
  §. III. *Leibnitz.* 242

TABLE DES MATIERES.

§ IV. *Wolf.* 247
§. V. *Locke.* 254
§. VI. *Boerhaave.* 258
§. VII. *Spinosa.* 260
§. VIII. *De ceux qui ont cru l'ame mortelle & immortelle.* 263

FIN de la Table du Tome premier.

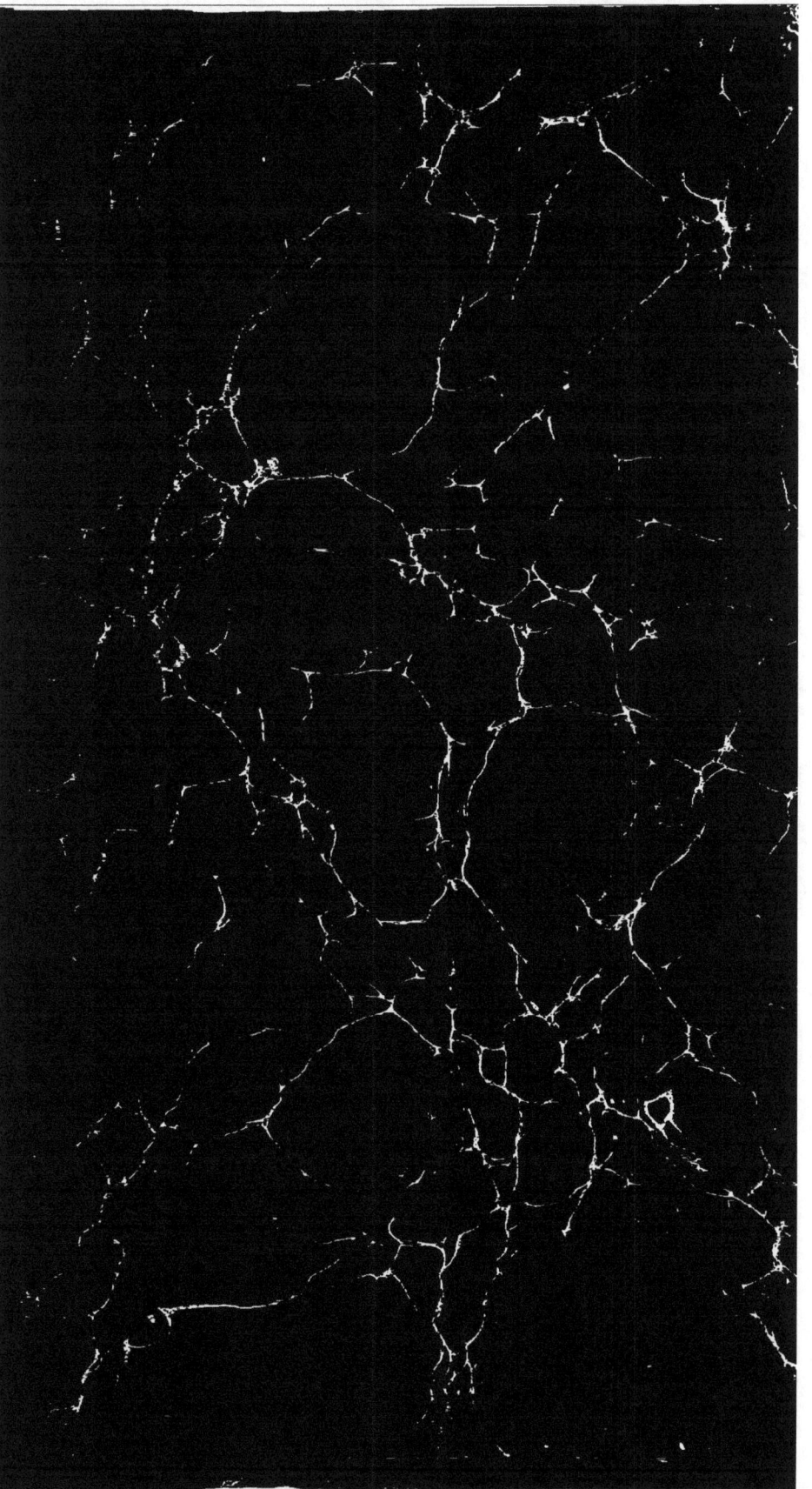

www.ingramcontent.com/pod-product-compliance
Lightning Source LLC
Chambersburg PA
CBHW071129160426
43196CB00011B/1842